Tratto da racconti vissuti di un ex agente di polizia penitenziaria

Poggioreale: l'amputazione dell'Anima

di

Laura Parise

Tratto dai racconti vissuti di un ex Assistente capo di Polizia Penitenziaria

Racconti vissuti di un ex Assistente capo di Polizia Penitenziaria

Il grado di civilizzazione di una società si misura dalle sue prigioni.

(Fëdor Dostoevskij)

Codice ISBN: 9798556556294
Casa editrice: Independently published

Racconti vissuti di un ex Assistente capo di Polizia Penitenziaria

Queste pagine sono state redatte in base ai racconti di un ex Assistente capo di Polizia Penitenziaria denominato Anonimus, che ha voluto raccontare alla scrivente, le verità che egli stesso ha vissuto personalmente sulla propria pelle durante tutto il periodo che ha prestato servizio nelle carceri italiane e in particolar modo nella casa circondariale di Napoli Poggioreale. Mentre le notizie di cronaca possono essere visionate in rete, sia sui quotidiani dell'epoca che su video trasmessi su YouTube.

Introduzione

"In quell'inferno chiamato
luogo di detenzione"

come lo definì il figlio di chi lo aveva progettato, il cui nome è Casa Circondariale di Napoli Poggioreale, accadono tanti misteri che nessuno vuol svelare.

Il ragazzo, per sua sfortuna, fu uno dei primi ospiti della prigione e poco tempo dopo esservi rinchiuso scrisse una lettera al padre

"Caro papà senza volerlo hai progettato l'inferno…".

E, come disse l'ex ministro di grazia e il dott. Flick, Poggioreale era ed è un carcere senza padroni e senza regole.

Un luogo dove non esistono né diritti né doveri, proprio come entrare nell'inferno sia che vi si entri da detenuto che da guardia.

Poggioreale, il racconto dell'Anonimus

Con alle spalle un'infanzia piena di privazioni, una gioventù vissuta in mezzo a traumi, privazioni, persone malvage e prive di scrupoli, l'Anonimus decise di arruolarsi nella polizia penitenziaria per divenire un paladino della giustizia. Inconsapevolmente credeva di entrare in un mondo dove la parola legalità aveva il suo vero significato. Ma mai, nonostante tutto quello che aveva già visto e patito alla sua giovane età, avrebbe pensato di entrare in un mondo che era tutto il contrario di quello che lui da fuori immaginava.

Dopo l'addestramento e l'aver prestato servizio nel corpo di polizia penitenziaria di parecchie carceri Italiane, l'Anonimus venne trasferito alla Casa Circondariale di Napoli Poggioreale, e assegnato al "reparto Speciale"

che comprende il padiglione Venezia, il padiglione Torino e l'Osservazione.
Il suo padiglione di competenza era il padiglione Venezia che si trova a fianco del padiglione Torino e dell'Osservazione.

In quell'epoca, negli anni '90, il comandante del carcere era Vincenzo Santoriello, poi sostituito dal comandante Gennaro Pergameno.
Nel reparto Venezia, il reparto dove l'Anonimus prestava appunto servizio, vengono rinchiusi i boss, coloro che sono a capo di famiglie camorristiche o mafiose, quindi detenuti ritenuti molto pericolosi, per i quali vi deve per forza di cose essere un maggiore controllo da parte delle guardie di sorveglianza.
Nel reparto Torino vengono reclusi i luogotenenti dei boss mentre il reparto Osservazione, nonostante fosse stato pensato per quei detenuti con manie suicide perché dispone di celle di isolamento, in realtà veniva e forse viene ancora tutt'oggi utilizzato anche come reparto punitivo.
E qui parte la nostra storia della casa circondariale di Napoli Poggioreale, storia che può vestire tranquillamente anche buonissima parte delle carceri italiane, con rare eccezioni.

Storia ambientata negli anni '90 ma che purtroppo si ripete ancora oggi trent'anni dopo.

Storia di uomini, siano essi detenuti o guardie, racconti di soprusi, di errori, di mancanze, di inadeguatezze, di giustizia negata o mal interpretata, un miscuglio di vicende che probabilmente alla luce del sole farebbero inorridire, ma che racchiuse tra quelle mura diventano vita quotidiana per molti esseri umani.

Durante tutto il periodo che l'Anonimus ha prestato servizio a Poggioreale

«Non è passato un giorno che i detenuti non abbiano subito percosse».

In tutti i padiglioni di Poggioreale i detenuti venivano e forse ancora oggi vengono, picchiati continuamente da coloro che hanno il compito di controllarli, ma di sicuro mai come accadeva nel reparto Torino. In questo reparto, la crudeltà era maggiore perché gli agenti non si limitavano a schiaffi, pugni e calci, bensì usavano anche altre tecniche ben più crudeli.

Solo nel reparto Venezia difficilmente veniva pestato qualcuno, qui i carcerati rinchiusi erano gente che aveva già più volte varcato le porte del carcere e sapeva benissimo come ci si doveva comportare per non attirare su di sé le ire delle guardie. Alcuni di loro, erano boss di vecchio stampo molto rispettosi, per cui era davvero un caso raro che venissero vessati, ma non per questo, nonostante alcuni detenuti comuni lamentano ancora oggi che le botte sono riservate solo a loro e che i boss non li tocca nessuno, si può affermare che i boss non vengano mai picchiati.

All'Anonimus preme ricordare che non è affatto così.

> «Quando ero di servizio e Salvatore Foria, il boss di Pomigliano d'Arco, era rinchiuso a Poggioreale, un giorno ebbi un alterco proprio con questo boss e non esitai a malmenarlo. Se si cerca nei registri medici del carcere, salterà fuori certamente il referto medico nel quale il Foria dichiarava, mentendo, di essersi fatto male da solo alla gamba dopo aver strisciato contro il letto. Sapeva bene che

non poteva dire di essere stato picchiato da una guardia. Perciò quella che i boss non vengono toccati e una vera e propria fesseria, dipende sempre e solo dal loro comportamento».

Racconti vissuti di un ex Assistente capo di Polizia Penitenziaria

Gli agenti dello Speciale

Gli agenti del reparto Speciale erano considerati dai dirigenti della struttura coloro che si occupavano di raddrizzare le teste calde.

Agivano dentro il reparto Torino o nell'Osservazione. Entrambi i reparti erano e probabilmente sono ancora tutt'oggi, considerati una specie di reparto "riabilitativo" che alla fine dei conti non riabilitava proprio nessuno, al contrario serviva molto di più per far sfogare la frustrazione di alcune guardie e la cattiveria di alcuni dirigenti sui corpi dei detenuti, che li picchiavano per colpe realmente commesse, per farli parlare e confessare, per far dare loro nomi di presunti complici che si ostinavano a tacere, informazioni segrete, o soltanto perché erano poco rispettosi nei loro confronti.

Dietro quelle porte, i detenuti perdevano anche quei minimi diritti che un carcere dovrebbe concedere compresa la loro condizione umana, diventando delle perfette nullità.

Trattati in maniera a volte esageratamente aggressiva, tentavano in tutti i modi di farli parlare, di far perdere loro quell'arroganza tipica di chi era abituato a far la voce grossa contro i deboli.

Alla faccia della riabilitazione, molto spesso con questo metodo si otteneva proprio l'effetto contrario, finendo per condannare a morte agenti o persone innocenti, che non avevano niente a che fare con quel sistema marcio e disumano. L'amputazione dell'anima sia per i detenuti che per le guardie. E chi doveva essere reinserito nella società, chi già di per sé aveva alle spalle una vita fatta di soprusi, violenza e infamia difficilmente trovava dentro il carcere un motivo per volersi redimere e cambiare vita.

La legge e le normative dettate dal ministero, l'addestramento ricevuto su come comportarsi con i detenuti, come interagire con loro se necessario, aiutarli nel tornare a fare una vita onesta una volta scontata la pena, in tutto il carcere non esistevano o erano blandamente attuati ma in quei due reparti, non erano presi per niente in considerazione, lì dentro tutto era possibile. Erano i reparti più crudeli.

I sistemi usati erano sempre gli stessi, gli agenti preposti, dovevano far in modo di togliere ogni forma di vita al detenuto, di sottometterlo e di indebolirlo mentalmente, facendolo crollare psicologicamente usando qualsiasi metodo pur di portarlo, alla fine, a collaborare.

Ben sapendo o immaginando a cosa stà andando incontro, quando il detenuto viene prelevato dalla sua cella dagli agenti dello Speciale, i sudori freddi cominciano a scorrergli lungo la schiena, purtroppo per lui, a quel punto è ben consapevole di come andrà a finire, sa che non gli verranno di certo raccontate storielle come si fa con i bambini per farli stare buoni, e neppure gli verrà fatto un ammonimento verbale. Tutti i detenuti di ogni reparto sono a conoscenza di quanto accade nello Speciale e di quanto accadrà quanto vi si entra.

Nello speciale non vi era una sola regola, tutto era confuso, questo, era un gruppo particolare, dove ogni agente differiva da un altro per valori, integrità e moralità. Come un gruppo di mercenari, la maggior parte al soldo di qualche clan che li teneva sotto la propria ala protettrice e li pagava per i loro servigi, si aggiravano quasi indisturbati tra le mura del carcere. Gli agenti onesti del gruppo erano davvero pochi e purtroppo, non potevano molto contro lo strapotere che proveniva dall'alto.

Quelle guardie che avevano un doppio ruolo, guardie carcerarie e appartenenti ai clan, erano proprio loro quelle che poi diventavano più crudeli pestando molto di più e con cattiveria selettiva, soprattutto per ritorsione e sotto l'esplicito comando di qualche boss.

> «Tra gli agenti penitenziari, ad esempio, c'era il brigadiere Guerriero che era un affiliato al clan Alfieri, costui entrava ed usciva un po' da tutti i padiglioni a seconda di come il clan gli dava le direttive, per andare picchiare i detenuti dei clan avversi, un bel giorno venne scoperto e sospeso dal servizio, ma intanto per un lungo periodo aveva girato indisturbato facendo il bello e il cattivo tempo».

L'Anonimus ricorda poi di un certo Amoroso, anch'egli facente parte del reparto Speciale e del clan di Biagino Cava che era in guerra con il clan Graziano; lui, Amoroso, umiliava e picchiava molti detenuti ma, con quelli del clan rivale, diventava ancora più crudele. Era un agente con la testa piuttosto calda, si divertiva molto ad umiliare a destra e manca, e un giorno si presentò davanti al boss Luigino Giuliano dandogli del tu. Il Boss si risentì immediatamente

> "Come ti permetti? Ci conosciamo? Abbiamo mai mangiato e bevuto insieme?"

Gli chiese il boss risentito.

Il rispetto per un boss è una questione molto importante, e nonostante rinchiuso in carcere, ci tiene molto ad un certo tipo di comportamento. Ma Amoroso era spesso fuori controllo, egli stesso era una guardia che avrebbe dovuto alloggiare in carcere, come in effetti poi avvenne.

Basti pensare che era solito rubare moto di grossa cilindrata, e un bel giorno venne arrestato nel nord Italia davanti ad un distributore di benzina mentre sostava tranquillamente a cavallo di una moto che aveva appena rubato.

La gerarchia del carcere

La gerarchia del carcere è un po' come un trapezio a più strati al cui vertice vi sono:

> Il direttore, alcuni vicedirettori,
> il dirigente sanitario
> ed il comandante del carcere.

Ad uno stato immediatamente inferiore si trovano:

> I marescialli e i brigadieri

Poco al di sotto:

> Gli assistenti sociali, i medici,
> e gli assistenti volontari.

E sempre scendendo:

> I comandanti dei reparti
> gli assistenti capo,
> gli assistenti,
> gli agenti scelti,
> gli agenti,
> e per finire il cappellano.

L'ingresso e le prime avvisaglie

Ed è già al loro ingresso nel carcere che i detenuti ricevono i primi esempi su come la loro vita sarà dentro quelle mura.

Entrati nella matricola, viene loro intimato di tenere la testa bassa e le mani dietro la schiena, mentre già qui iniziano a prendere i primi schiaffoni di benvenuto dagli agenti di custodia.
Nonostante avessero già subito la perquisizione dalla polizia o dai carabinieri, ne viene fatta loro un'altra più accurata dagli agenti penitenziari

> «E per fortuna che noi li perquisivamo un'altra volta, altrimenti come già accaduto più volte, ad un detenuto entrato nella matricola venne trovato in tasca, o nascosto nei calzini, un coltello o altri oggetti contundenti»

racconta l'Anonimus.

Dopo la perquisizione, vengono infine fatti spogliare e fatte eseguire loro alcune flessioni, questo nel caso qualche altro oggetto possa essere celato nel loro corpo. Questo è sicuramente un altro abuso, ma ben pochi sono a conoscenza dei loro diritti e di conseguenza si rifiutano di piegarsi a questa umiliazione.

A questo punto si passa alla schedatura: dati personali, impronte digitali e foto segnaletica.

Le foto segnaletiche finiscono dentro il dossier del detenuto e vengono scattate anche in caso di detenuti recidivi perché con il passare degli anni, non solo l'aspetto può mutare, ma anche il nome che viene dichiarato.

> «Capitava spesso che un extracomunitario che fosse stato già stato recluso, si presentasse ad esempio con il nome di Alì ma una volta fatte le foto e prese le impronte digitali, i colleghi si rendevano conto che si trattava della stessa persona che la volta precedente si era presentato con il nome di Mustafà».

Terminata la schedatura, vengono presi in consegna e catalogati tutti gli oggetti di valore e non che il detenuto possiede: collane, orologi in oro o metallo, bracciali, anelli, cintura con fibbia in metallo, lacci delle scarpe, denaro, scarponcini con punta rinforzata etc.

Tutto deve essere lasciato in custodia perché non è permesso portarlo con sé in cella.

Per evitare che a qualche detenuto venga in mente di impiccarsi, o per lo meno di provarci, in carcere è consentito portare solo scarpe da ginnastica senza lacci e pantaloni senza cinture; per questo motivo solitamente i detenuti preferiscono indossare le tute, e al polso portano orologi di plastica. Inoltre, in base alle direttive di ogni carcere, può essere consentito o meno di tenere la fede nunziale.

Racconti vissuti di un ex Assistente capo di Polizia Penitenziaria

La fede nunziale di Laboccetta

A questo proposito, all'Anonimus viene in mente un episodio accaduto quando venne arrestato il parlamentare Amedeo Laboccetta che rimase detenuto a Poggioreale nel reparto Torino dove, nel frattempo, scrisse il suo libro:

"Grand Hotel Poggioreale".

«Mi ricordo di quando nell'era tangentopoli, fu arrestato Amedeo Laboccetta; arrivato alla matricola gli venne tolto anche l'anello nunziale e lui ne fu molto rammaricato, tanto da chiedere di poterlo tenere ma non gli venne concesso.
Arrivato in cella se ne lamentò ancora, e così fui io a pregare i colleghi della matricola di restituirglielo in quanto si trattava di un oggetto che non poteva recare nessun pericolo»

Racconti vissuti di un ex Assistente capo di Polizia Penitenziaria

Visita medica

A questo punto, il detenuto viene fatto entrare nell'infermeria per controllare il suo stato di salute.

«Una presa in giro a tutti gli effetti»

Il dottore, senza prendersi minimamente la briga di visitare anche sommariamente il detenuto ma restando seduto dietro la sua scrivania, stetoscopio al collo che serve solo da addobbo, inizia con porre le classiche domande di rito sul suo stato di salute, informandosi se la persona ha qualche malattia in corso, se soffre di qualche particolare patologia, se si droga, se ha bisogno di farmaci.

Il detenuto risponde alle domande, ma nessuno è in grado di controllare se stà dichiarando il vero o il falso, di sicuro poco importa a chi dovrebbe essere preposto a questo controllo. Egli si limita a trascrivere le risposte e terminate le domande di rito, di norma gli dovrebbero venir fatti dei prelievi per le analisi in modo da controllare che non sia portatore di malattie infettive viene accompagnato verso la sua destinazione.

> «In realtà, ai miei tempi, queste analisi erano inesistenti, per cui poteva tranquillamente capitare che un malato di epatite o di HIV, che avesse pidocchi, scabbia, malaria o tubercolosi finisse in cella con detenuti sani, con il solo rischio di infettarli a loro volta. Ma noi guardie come potevamo saperlo prima, non era nostro compito controllare il suo stato di salute».

La questione sovraffollamento porta anche a queste problematiche, non solo i carcerati non vengono visitati a dovere, ma anche se lo fossero, per la mancanza di posti è pressoché impossibile poter dividere i malati dai sani.

> «In una struttura che poteva contenere settecento persone ve ne venivano invece

stipate duemila, come si può pretendere che vi sia anche un minimo d'igiene?»

Racconti vissuti di un ex Assistente capo di Polizia Penitenziaria

Destinazione

Finite le procedure, il carcerato viene condotto al cancello uffici dove viene decisa la sua destinazione. E per destinazione s'intende il padiglione.

Se si tratta della prima carcerazione, anche e soprattutto in base alla possibilità di posti a disposizione, viene allocato nel reparto Salerno.

Tassativamente sia i colpevoli di stupro che di pedofilia, all'epoca dell'Anonimus venivano messi, per la loro incolumità personale, in isolamento, onde evitare che potessero venire a contatto con altri detenuti e subire qualche spiacevole conseguenza.

> «Quel genere di detenuti, sono quelli che non ho mai potuto sopportare, gente che non merita di vivere, e questo non è solo un mio pensiero, ma il pensiero comune in tutti i detenuti, per questo motivo si cerca

in tutti i modi di tenerli ben lontani».

Se il detenuto non è alla prima esperienza carceraria, in quel caso, si valuta se ci sono delle incompatibilità con altri reclusi, come ad esempio esponenti di clan rivali, e in tal caso si evita accuratamente di metterli nello stesso padiglione; può accadere che venga chiesto loro se per caso vogliono tornare nello stesso padiglione dov'erano già stati in precedenza, e ove ve ne fosse la possibilità e la volontà di farlo, li si accontenta. Tutto dipende sempre dalla disponibilità non solo di posti ma anche dall'umore della direzione in quel momento.

Tenendo conto che i detenuti che escono giornalmente dal carcere sono sempre in numero inferiore a quelli che vi entrano, spessissimo la direzione si vede costretta a mettere detenuti alla prima esperienza carceraria insieme a detenuti abituati a quel genere di vita, così, come spesso è accaduto, un uomo che viene ingiustamente incarcerato, un uomo che già solo per il fatto di non aver commesso alcun crimine si vede recluso in quel luogo spaventoso, rischia, come accaduto in molte occasioni, di non farcela a sopportare tutto ciò e tenta di togliersi la vita.

In tanti ci hanno provato e in molti ci sono riusciti, di sicuro ben pochi hanno salvato la loro psiche e se non danno segni di desiderio imminente al suicidio, una volta usciti dal carcere molti di loro non hanno trovato più pace.

Ce ne sono moltissimi che vengono purtroppo accusati ingiustamente di reati mai commessi ed erroneamente condannati. Per queste persone: una vita distrutta!

E per loro nessuno paga, nessuno viene indagato, processato, o per lo meno multato. Quanti giudici si sono comportati peggio di tanti detenuti e invece di essere rimossi, sono stati promossi ad un ruolo superiore? Vogliamo per caso ricordare il caso di quel giudice che a Firenze venne trovato in compagnia ambigua con un bambino e l'accusa di pedofilia venne insabbiata perché si era difeso dicendo che quella mattina aveva sbattuto la testa e non sapeva cosa stesse commettendo? Com'è possibile che un suo simile abbia potuto credere ad una scusa così assurda? Non solo venne insabbiata l'inchiesta e non vi fu mai un processo, ma il giudice in questione passò addirittura al C.S.M.

Spesso la beffa diventa davvero insopportabile e sapere che per alcuni la legge fa eccezioni, non aiuta di certo.

Pensiamo ad un poveraccio incensurato, che di punto in bianco si ritrova a dover dividere la cella con altri personaggi dediti al crimine, persone senza scrupoli, che la vita ha già da tempo segnato e non ha dato loro altra scelta se non quella di diventare assassini, ladri o truffatori e che per via di un sistema che fa acqua da tutte le parti, si ritrova a vivere questo incubo, come può tutto questo scivolargli addosso e non lasciargli nessun segno? Allo sventurato, che sa di essere innocente, si apre sotto i piedi una voragine spaventosa dalla quale non ha la minima idea di come fare a risalire e dimostrare la propria estraneità ai fatti, così si sente inghiottito da quel mostro che è la casa circondariale di Napoli Poggioreale, con le sue mura cupe, i tristi corridoi, le sbarre alle finestre e alle porte; anche se nella sua vita ne ha viste tante di brutture, difficilmente può paragonarle all'orrore che gli si prospetta davanti, la sensazione orribile di sentirsi come se gli avessero amputato l'anima ben sapendo che non vi sono protesi per ripararla e che niente e nessuno potrà curare la sua angoscia; rinchiuso in una stanza che può contenere al massimo tre persone, ma che nella realtà ne vede stipate almeno cinque, senza tener conto che purtroppo c'è anche di peggio, perché vi sono celle pensate per cinque detenuti che invece vengono attrezzate con letti a castello a tre o cinque piani e di conseguenza gli ospiti in quella cella diventano una quindicina con un solo bagno, ecco, come può un uomo che ha per tutta la vita condotto un altro tipo di vita, riuscire a non impazzire in mezzo a uomini accatastati dentro pochi metri quadrati come sardine dentro le scatolette, con porte e finestre di sbarre in metallo costretti a vivere in maniera malsana, senza un minimo di privacy? Deve essere un incubo dal quale difficilmente si riesce ad uscirne ancora sani di mente. Certo non per tutti è un errore, in tanti hanno sbagliato, erano dei criminali e devono scontare giustamente la loro pena, ma non in quelle condizioni, non ammassati senza ritegno.

> «Tanto vale adottare la pena di morte, e una volta accertata la loro colpevolezza, togliere queste anime dalla sofferenza una volta per tutte. Perché nonostante criminali, chi per scelta chi per necessità, sono comunque uomini e così muoiono piano piano giorno dopo giorno».

si rammarica l'Anonimus che nonostante abbia passato buonissima parte della sua vita in mezzo a loro, abbia visto cose che i comuni mortali possono in parte solo immaginare, per sentito dire, per letto sul giornale o visto al cinema e in televisione, di certo è un essere umano e come tale anche lui ha una coscienza e può benissimo mettersi nei loro panni.

La storia del panettiere innocente

Ed è così facile che, criminali incalliti abituati ad entrare ed uscire dal carcere, in alcune occasioni terrorizzano un nuovo arrivato, mentre in altre sono proprio coloro che lo salvano dalla follia aiutandolo e consigliandolo su come debba agire e si debba comportare sia dentro le mura del carcere che con i suoi legali. Spesso sono proprio i detenuti con esperienza carceraria ad essere in grado, molto più di un avvocato, di consigliare il malcapitato.

E fu proprio grazie a loro che, il panettiere di Giugliano in Campania che una mattina alle cinque si trovò davanti alla porta del panificio i carabinieri andati lì per arrestarlo, riuscì a dimostrare la sua innocenza.

Il poveretto, una persona per bene, dedita alla famiglia e al lavoro, si vide catapultato in una realtà a lui perfettamente sconosciuta.

Accusato di associazione a delinquere da un pentito che di meglio non aveva da fare che prendersela con una persona incensurata; un lavoratore che non aveva mai preso neppure una multa e che a momenti non sapeva quasi cosa fosse la criminalità se non per sentito dire in televisione o letto sui giornali. Da un momento all'altro, il malcapitato si vide trasportato dal suo negozio alla caserma e condotto in carcere.

Inutile cercare di spiegare ai carabinieri che lui era totalmente estraneo alla faccenda, che l'accusa era totalmente infondata

> "Io in quel terreno ci coltivavo i meloni per incrementare le entrate per la mia famiglia, l'ho preso solo in affitto, non immaginavo lontanamente che appartenesse al boss Nuvoletta. Pagavo l'affitto regolarmente alla persona che me lo ha affittato"

protestò in caserma cercando di metter luce sulla faccenda, ma non c'era stato niente da fare.

Il terreno era veramente di proprietà di Nuvoletta, il boss del suo paese, e la persona che lo accusava ingiustamente era un pentito dello stesso clan; proprio colui che percepiva l'affitto del terreno dal panettiere, ma chissà per quale motivo aveva avuto la brillante idea di tirarlo in ballo.

I carabinieri nonostante si resero conto che avevano a che fare con una brava persona, incensurata e disperata, invece di proporre al giudice un arresto domiciliare, lo portarono a Poggioreale.

L'unico gesto gentile che fecero nei suoi confronti, fu quello di chiedere al direttore del carcere di cercare di sistemare il povero panettiere in un padiglione tranquillo.

Quell'uomo avvilito e angosciato venne aiutato dai compagni di cella, che vista la sua disperazione e compreso il motivo per cui era stato arrestato, gli consigliarono di trovarsi un bravo avvocato penalista, altro che il civilista che lui a malapena conosceva…

> "Se volete uscire di qui, e non rischiare di farvi vent'anni con l'accusa che avete, dovete cercarvi un bravo avvocato penalista"

gli dissero consigliandogli a chi rivolgersi per il suo assurdo caso.

Il poveraccio nonostante venne infine riconosciuto innocente e scarcerato, non si è ripreso più dallo shock subito.

La notte di punto in bianco scoppia a piangere, non riesce a dormire con la porta della camera chiusa perché soffre di claustrofobia e ha paura di non poter uscire dalla stanza.

Una volta terminato il processo, rifiutò perfino il risarcimento dovutogli per l'ingiusta detenzione, e tutte le conseguenze patite.

Quest'uomo poté tornare alla sua attività di panettiere e riaprire il suo negozio, ma noi mettiamo il caso che si fosse trattato di un dipendente di un qualsiasi negozio, officina, o fabbrica e che una volta uscito dal carcere aveva perso il lavoro e doveva mantenere sé stesso e la propria famiglia, come avrebbe potuto questa persona riprendersi? Chi lo avrebbe assunto volentieri sapendo che era un ex carcerato? Quanto sarebbe stato credibile agli occhi degli altri? A quanti e quante volte avrebbe dovuto raccontare la sua triste storia sperando e pregando di essere assunto?

E lo stesso vale per coloro che il crimine lo hanno commesso per davvero, e che una volta scontata la pena hanno deciso di non ritornare a delinquere ma di iniziare una nuova vita, onesta e tranquilla. Chi aiuta coloro? Di certo non lo stato o le istituzioni.

La difficoltà di ricominciare diventa quasi pari alla voglia di ritornare a delinquere perché possiamo ben immaginare come la nostra società accoglie chi ha sbagliato.

Racconti vissuti di un ex Assistente capo di Polizia Penitenziaria

Paura per la propria incolumità

Tra coloro che entrano in carcere, c'è anche chi desidera stare da solo per garantirsi la propria incolumità e ne fa richiesta.

Il detenuto si preoccupa di non finire in cella con qualcuno che lo aveva già minacciato di morte, qualcuno con cui aveva già avuto a che fare in passato, magari per strada, forse per via di appartenenze a clan differenti e in lotta tra di loro, o per qualche altro motivo; egli è perfettamente a conoscenza di chi già alloggia nelle patrie galere e dove, di conseguenza tenta in tutti i modi di star lontano da coloro che potrebbero nuocergli.

Ingenuamente crede di riuscire a sfuggire a percosse e forse alla morte per mano di altri detenuti, ma forse ignora che non deve solo guardarsi le spalle da nemici dichiarati perché

molto spesso chi attenta alla sua incolumità potrebbe essere benissimo chi
invece avrebbe il compito di sorvegliarlo nel periodo in cui egli sconta la sua pena.

E così, se dimostra di avere davvero la necessità di essere messo in isolamento volontario, in quel caso, sempre tenendo conto dei posti a disposizione, viene allocato nel padiglione Genova che è provvisto di celle d'isolamento.

Ovviamente c'è sempre da tener ben presente che, la possibilità di mancanza di posti è più che reale, e quindi, se non fosse possibile trovare una cella singola nella struttura, in questo caso, la direzione si attiverebbe facendo richiesta di trasferimento in un altro carcere. Solitamente da Poggioreale a Secondigliano, ma certamente il trasferimento non è mai istantaneo.

Ingresso nel padiglione

Una volta espletate queste formalità il detenuto viene scortato al suo padiglione e poi nella cella a cui è destinato.

> «Arrivati davanti al padiglione, uno alla volta i camosci* dovevano passare attraverso la porta dove il brigadiere del reparto, seduto ad un tavolo con altre guardie li attendeva».

Bussando alla porta per chiedere il permesso di entrare, si ode arrivare da dentro un annoiato e strascicato

"Si...?"
"È permesso?"

Chiede il detenuto, che a quel punto viene fatto

---

*Camosci: termine offensivo che utilizzano le guardie in riferimento ai detenuti

entrare. Non appena la porta si chiude alle sue spalle, iniziano a volare ceffoni a destra e sinistra

> "Qui non è permesso di far volare una mosca"

gli viene subito fatto presente, e giù botte.

L'uomo colto di sorpresa tenta di scansare alla bell'e meglio gli assalti che gli vengono perpetrati da più parti, ma uno contro tre o quattro cosa mai può fare?

Ed è qui che comincia davvero a capire quale potrà essere in futuro il trattamento che gli verrà riservato. Inutile sperare di avere una vita tranquilla, basterà ben poco per provocare l'ira di chi lo terrà d'occhio per tutto il tempo, e finché non avrà pagato il suo debito con la giustizia dovrà sempre tenere presente che ora, ci sono altre persone che comandano sulla sua pelle, che ne gestiscono non soltanto le giornate, ma anche la sua incolumità.

Detenuti in appoggio

Oltre ai detenuti che vengono incarcerati quotidianamente, ci sono poi i detenuti in appoggio.
Chi sono costoro?
I detenuti in appoggio sono quei detenuti che a causa di un processo in corso, devono spostarsi attraverso l'Italia per raggiungere il tribunale.

Ad esempio, se un detenuto in Sicilia deve prendere parte ad un processo che si svolge a Torino, questi viene scortato attraverso la nazione, ma durante il viaggio vi è una sosta, solitamente a Secondigliano o a Poggioreale.

Un tempo i detenuti venivano scortati dai carabinieri o dalla polizia, mentre oggi è compito del corpo traduzioni della polizia penitenziaria.

Ai suoi tempi, ma molto probabilmente ancora oggi, i detenuti che dovevano fare sosta per la notte nella casa circondariale di Napoli Poggioreale si rivolsero ai carabinieri di scorta lamentandosi e così dicendo:

> "Fateci un favore, non portateci a Poggioreale nel padiglione Speciale, molto meglio che ci ammazziate per strada, tanto, li ci riempiranno solo di botte".

Dai ricordi dell'Anonimus, esce fuori la storia di quando alcuni detenuti siciliani di passaggio appunto a Poggioreale, che non erano affatto abituati ad essere pestati nelle carceri siciliane, si rivolsero schernendo i detenuti napoletani dicendo loro:

> "E voi sareste i tanto temuti boss?? Quando non prenderete più le botte che vi danno qui, e vi farete rispettare, allora potrete dire di essere dei veri boss!"

Un grosso smacco per i detenuti napoletani; non era certo un bel biglietto da visita essere presi in giro per come venivano trattati a Poggioreale e non poter fare niente nonostante continuassero a far piovere in procura decine e decine di denunce che venivano automaticamente cestinate dai giudici.

Questa era brace che covava sotto la cenere.

Felice Maniero

Tanto per far capire quanto fossero gentili le accoglienze delle guardie all'ingresso dei detenuti nella struttura di Poggioreale, l'Anonimus, racconta l'aneddoto di quando al porto di Napoli venne arrestato il boss Felice Maniero e poi condotto appunto a Poggioreale nel reparto speciale.

«Una notte»

racconta sempre l'Anonimus

«Venne tradotto in carcere il tanto temuto boss, Felice Maniero detto "faccia d'angelo". Era stato arrestato al porto di Napoli e venne portato a Poggioreale e dislocato nel reparto Speciale...»

> "Ah, e così tu sei faccia d'angelo, quello che comanda la mala del Brenta?"

Gli risero in faccia gli agenti di turno rifilandogli quattro schiaffi.

Vista l'ora e il personaggio, le guardie di notte, in segno di supremazia sul detenuto, prima lo fecero spogliare nudo e poi gli fecero perquisire a lui stesso i suoi indumenti

> "Ci sentiamo umiliati a toccare i tuoi stracci, meglio che lo fai tu per noi"

gli dissero. Poi lo obbligarono a fare le flessioni e gli indicarono la cella

> "Di notte noi dormiamo. Guarda che il rubinetto perde acqua e sgocciola, mettici qualcosa sotto perché la notte ci dà fastidio sentire quel rumore. Ah… e non chiamare, tanto qui di notte non viene nessuno".

Entrando nella ella egli stesso si richiuse dietro le spalle la porta mentre gli agenti si limitarono a chiudere il blindato.

La mattina seguente, quando passarono a dare un'occhiata, videro la maglietta di Maniero fradicia attorno al rubinetto.

> «Questo giusto per far comprendere a voi tutti come anche un temuto criminale, entrato dentro Poggioreale perdeva tutta la sua strafottenza».

La routine giornaliera

La routine giornaliera sia delle guardie che dei detenuti è sempre la medesima. Ogni giorno scandita dalle stesse operazioni.

«Nei padiglioni Napoli, Milano, Genova, Avellino etc. le guardie si suddividevano su due piani, e ad ogni piano erano allocati dai duecento ai trecento detenuti. Per un motivo o per un altro, capitava spesso che una sola guardia doveva gestire un intero piano. Potete ben immaginare il caos...»

Lo Speciale invece comprende: due piani ciascuno per i padiglioni Torino e Venezia e un piano per l'Osservazione. Qui, dove i detenuti sono personaggi ad altissimo rischio, nonostante in totale ve ne siano circa una quarantina nel Venezia e una settantina nel Torino, decisamente molti di meno rispetto ai duecento degli altri padiglioni, il numero di guardie è notevolmente maggiore che nel resto dei reparti di Poggioreale, in totale a coprire lo Speciale, diviso in quattro turni di sei ore ciascuna, vi sono circa una sessantina di guardie. Tenendo però conto che molto spesso le sei ore non sono rispettate, vuoi per una consegna, un pestaggio o quant'altro, il numero comunque difficilmente è inferiore.

In tutto il carcere, è comunque tutto è scandito dalle solite operazioni, che avvengono ogni giorno più o meno alla stessa ora, e che prevedono il controllo, la derisione, la massima cattiveria anche solo a parole verso coloro che si trovano dietro le porte di ferro.

Ore 8.00 conta, battitura e colazione

Le guardie del turno di mattina, entrano nel carcere alle otto, passano all'armeria per consegnare la loro pistola, e una volta preso servizio si occupano della conta dei detenuti e della battitura dei ferri.

Entrando in ogni cella, mentre gli occupanti devono stare fermi e immobili, gli agenti con un bastone di ferro provvedono a battere contro le grate delle finestre per controllare che durante la notte nessun detenuto abbia iniziato a segarle per tentare un'evasione. In questo frangente, sia nel reparto Venezia che nel reparto Torino, i detenuti sono obbligati a stare in piedi e sull'attenti, o per lo meno con le braccia lungo il corpo e ben visibili accanto al loro letto, e nel frattempo ad ascoltare qualche battuta pesante da parte delle guardie sulla loro attuale condizione. Così tanto per avere il buongiorno e iniziare bene la giornata, sapendo che anche un minimo sospiro avrebbe potuto indispettire qualche guardia.

Appena espletata questa incombenza, viene dato il via libera ad un lavorante, ovvero un uomo anch'egli detenuto che viene impiegato per la distribuzione dei pasti o per le pulizie dei corridoi, di passare a distribuire il latte e caffè.

Il detenuto lavorante

Nello Speciale, per questioni prettamente di sicurezza, non era permesso avere un lavorante italiano, solitamente sono uomini di colore, marocchini, senegalesi, o comunque stranieri che non parlavo affatto bene l'italiano e che non scontano pene lunghissime. Questo perché dovendo loro avere contatto diretto con quei detenuti ritenuti pericolosissimi, vi potrebbe essere la possibilità che durante lo scambio del cibo, un detenuto passi qualche messaggio in codice da far pervenire all'esterno del carcere. Ovviamente, queste persone sono in grado di capire i più elementari comandi dati dalle guardie, ma di certo non padroneggiano il dialetto e non sono in grado di fare lunghi discorsi, così per le guardie è più facile tenerli a bada non devendo necessariamente star loro attaccati come dei francobolli per controllare che non vi sia alcuno scambio d'informazioni.

Ci sono poi detenuti che nonostante siano finiti dietro le sbarre, sono comunque in grado di fare lavori da elettricista, da idraulico, da cuoco o falegname, e fanno richiesta per poter svolgere queste attività anche dentro le mura del carcere; se la loro richiesta viene accolta, possono, sempre con la presenza di una guardia, essere impiegati per eseguire alcuni lavoretti di manutenzione o quant'altro e nel frattempo guadagnare qualche soldo da mandare a casa ai propri familiari.

Ovviamente non tutti sono disponibili a far lavori umili, e c'è anche chi si rifiuta, o si lamenta se viene momentaneamente spostato dal suo abituale padiglione.

> «Tanto per capire chi sono i lavoranti, posso raccontarvi un episodio riguardante uno scopino*»

L'Anonimus ci racconta di quando un lavorante addetto alla pulizia della Sala Magistrati era stato tradotto in un altro istituto, così fintanto che in quel luogo non fosse stato assegnato un nuovo lavorante fisso, per il momento c'era bisogno di coprire il posto con

*Scopino, termine dispregiativo usato dalle guardie in riferimento ai detenuti lavoranti

con qualcun altro.

Al cancello ufficio venne prelevato un detenuto proveniente dal padiglione Italia, e quando questi giunse alla sala Magistrati, una volta che gli furono riferiti i compiti da svolgere, il detenuto si rifiutò categoricamente

> "È inutile che mi chiedi di lavorare in questo posto, io non lo faccio"

e con modo molto strafottente gettò a terra tutta l'attrezzatura composta da scopa, secchio e straccio.

A quel punto all'agente non rimase che informare l'Ispettore responsabile, redigendo un rapporto dettagliato dell'episodio, per fare in modo che il responsabile provvedesse immediatamente a farlo sostituire con un altro detenuto lavorante.

Il soggetto, dato il suo rifiuto e il suo comportamento arrogante nei confronti della guardia, venne ammonito severamente per l'infrazione disciplinare commessa, gli vennero sospesi per tre mesi tutti i benefici pecuniali e fu rimosso dall'attività lavorativa.

Igiene personale

Terminata la colazione si passa ai turni per la doccia. Al contrario della maggior parte degli altri reparti, dove la doccia è un lusso concesso due volte alla settimana e spessissimo dura dieci minuti per detenuto, nei reparti Venezia, Torino e Osservazione questo limite di tempo non c'è, qui si lascia un ragionevole lasso di tempo ad ogni detenuto per potersi lavare senza lo spauracchio di restare a metà dell'opera, anche perché in questi due reparti, proprio per la particolarità dei detenuti che ospitano, nello speciale le docce sono ubicate direttamente nella sezione.

«Negli altri padiglioni non è concessa nessuna deroga, una volta trascorsi i dieci minuti, finito di lavarsi o ancora insaponati, ai detenuti viene chiusa l'acqua e fatti rientrare nelle loro celle»

Continua a raccontare l'Anonimus

«In questi padiglioni, i detenuti a turno, coperti solo dal lenzuolo che tolgono dalla branda, vengono scortati attraverso un lungo corridoio; inverno o estate, quel corridoio ha sempre le finestre spalancate cosicché, soprattutto d'inverno, parecchi detenuti si rifiutano di andare a fare la doccia per evitare bronchiti o raffreddori, senza contare che l'acqua a volte esce gelata e a volte bollente».

Purtroppo, dato l'elevato numero di detenuti, è impossibile concedere loro più tempo, e sono anche fortunati, perché alcune volte può capitare che la doccia venga concessa loro solo una volta alla settimana.

Il passeggio

Un'altra prassi giornaliera è il passeggio, o se preferite ora d'aria, e sempre per quanto riguarda tutti i padiglioni con l'esclusione del reparto Speciale, a seconda delle possibilità, a discrezione del caporeparto e in base a quanti detenuti vi sono dentro al padiglione, ogni detenuto può usufruire di due ore di passeggio al giorno, un'ora la mattina e una al pomeriggio, ma che nella realtà molto spesso si riduce ad un'ora soltanto.

Prima del passeggio i detenuti vengono tutti perquisiti uno ad uno, ed è consentito loro di portare con sé solo sigarette e accendino.

I detenuti del reparto Speciale, racconta l'Anonimus

> «Se lo desideravano, avevano la facoltà di scegliere con chi volevano trascorrere l'ora d'aria, ad esempio, un boss con un altro

boss, così giusto per avere qualcuno con cui parlare...».

E previa una domandina scritta e consegnata al brigadiere, una volta accettata, durante l'ora d'aria hanno la possibilità di fare due chiacchiere con chi preferiscono.

La domandina scritta serve per evitare che in futuro sorgano dei problemi tra i detenuti, come ad esempio litigi, risse o quant'altro, o che personaggi di clan differenti si lamentino di essere stati messi insieme a passeggio; infatti, viene appunto richiesto che la domanda sia scritta e firmata e comunque la concessione è sempre a discrezione del caporeparto e in base alle possibilità.

Il passeggio nel reparto Speciale è suddiviso in due ore giornaliere, una la mattina e una al pomeriggio, e il luogo dove vengono condotti i detenuti è costituito da tre lunghi corridoi, ognuno separato dall'altro da alte recinzioni di ferro. Al difuori di questi corridoi, posto in orizzontale vi è lo spazio in cui la guardia cammina avanti e indietro controllando che tutto sia tranquillo e che non sorgano problemi tra i detenuti che si trovavano nei tre corridoi di passeggio.

Negli altri padiglioni invece, il passeggio è scaglionato e quasi sempre, a causa della popolazione carceraria elevata, non è possibile far uscire ogni "ospite" due volte al giorno.
Per cui, capita molto spesso che loro debbano accontentarsi di un solo turno.

Anche qui avviene la perquisizione di ogni detenuto, e poi tutti in fila, mani dietro la schiena e testa bassa, vengono fatti scendere piano per piano; all'incirca duecento detenuti alla volta, lasciati camminare dentro un recinto unico.

Qui, una sola guardia addetta controlla il corridoio esterno da dentro la garitta, di certo non può essere altrimenti: cosa potrebbe fare una sola guardia se qualcuno l'aggredisse? Mentre stando fuori in posizione privilegiata ha la possibilità di poter controllare tutto lo spazio, e se qualcosa va storto, può suonare l'allarme per chiedere aiuto.

Racconti vissuti di un ex Assistente capo di Polizia Penitenziaria

Il cibo

Per coloro che son detenuti nello Speciale, ci racconta ancora l'Anonimus, è vietato ricevere pacchi con cibo dai parenti o amici, devono per forza mangiare quello che passa la mensa detenuti del carcere o al massimo possono acquistarlo facendo uso del loro "libretto di risparmi carcerario".

> «Ma maggiormente loro si facevano la spesa. Preparavano la lista di quegli alimenti comunque consentiti e grazie alla libretta potevano fare precisi acquisti. Mentre i reclusi nell'Osservazione dovevano accontentarsi di quello che passava la mensa detenuti del carcere».

La mensa dei detenuti, ovviamente sempre sotto stretta sorveglianza delle guardie, è gestita da detenuti che quando entrati in carcere, hanno fatto presente di essere in grado di cucinare e si occupano di preparare i pasti che poi vengono distribuiti dal lavorante addetto.

È ovviamente necessaria una guardia che osserva tutti i loro movimenti, perché tra pentole e padelle, ci sono anche i coltelli, e qui non possono certo essere di plastica come quelli consentiti nelle celle, altrimenti sarebbe proprio un invito a nozze se venissero lasciati soli nelle cucine.

Quando arriva la spesa preordinata dai detenuti, le guardie dello Speciale, nonostante gli acquisti vengano fatti da altre guardie preposte, devono assolutamente passarla in rassegna

> «Il più delle volte, quando insieme al cibo c'erano riviste tra gli acquisti, queste passavano dapprima di mano in mano alle guardie stesse, e una volta che erano state sfogliate ben bene venivano consegnate nelle celle dei legittimi proprietari».

Quello del cibo era ed è un altro grande spreco, siccome la maggior parte dei detenuti si cucina nelle proprie celle quanto acquistato personalmente, accade che purtroppo la maggior parte del cibo che viene passato dal ministero e cucinato nella mensa detenuti finisce nell'immondizia.

«Eppure, anziché buttare tutto quel cibo, basterebbe una migliore organizzazione: ci sarebbero vari modi per evitare questo inutile spreco, si potrebbe far sì che venga annotato quante persone non possono permettersi di acquistare cibo a proprie spese per mancanza di soldi o perché detenuti nell'Osservazione e di conseguenza cucinare solo per quelle, oppure darlo alla Caritas o direttamente ai poveretti. Ce ne sono mai tanti oggi come oggi che sarebbero ben lieti di avere un pasto caldo invece di essere costretti a rovistare nella spazzatura!»

Ma purtroppo è uno di quegli sprechi che non interessa a nessuno, di cui nessuno si prende carico per risolverlo.

La libretta

Cos'è un libretto di risparmi in carcere? Chiedo all'Anonimus

«Noi lo chiamavamo "libretta". Beh, è una specie di conto, dove vengono annotate le cifre di denaro che solitamente i parenti versano a favore del detenuto; con questi soldi, che ovviamente non gestisce lui personalmente, ma di cui se ne occupano le guardie che gli comunicano man mano quanto ancora gli è rimasto da spendere, lui può acquistare beni di prima necessità come cibo, sigarette, caffè, bomboletta del gas per il fornelletto, giornali o riviste, prodotti per l'igiene personale, scarpe e abbigliamento consentiti. Il detenuto, un paio di volte alla settimana, fa una lista di quello che gli occorre, la consegna alla guardia, la quale poi si premura di far

acquistare quello che è stato richiesto.
Ovviamente sempre e solo nel limite consentito».

E acquistare personalmente quello che gli occorre, soprattutto per i detenuti del 41 bis è la miglior soluzione visto che a loro, come detto, non è consentito di ricevere cibo dai familiari.

Solidarietà e regole nelle celle

Dentro alle celle, vi è molta solidarietà tra i detenuti. Loro stessi si danno alcune regole alle quali tutti gli occupanti sono tenuti ad attenersi.

Tanto per cominciare, in ogni cella c'è sempre un "capo", o per meglio dire, un personaggio con più carisma che è in grado di gestire meglio l'organizzazione della cella e che prende, in un certo senso, il comando e suddivide i compiti e le incombenze. A turno, o a seconda di come il "capo" organizza, c'è chi si occupa di cucinare i pasti, chi di lavare i piatti, chi della pulizia della cella, etc. e quando è l'ora del pasto, per rispetto reciproco, nessuno inizia a magiare fin quando non sono tutti pronti e seduti ai propri posti.

Inoltre, i detenuti stessi si organizzano con la spesa alternandosi una volta ciascuno per il pagamento.

Capita a volte che tra di loro ci sia qualcuno con poca disponibilità di denaro e in questo caso, nessun componente gli fa pesare la sua condizione finanziaria come accade fuori da quelle mura, anzi, quelli più abbienti non si fanno nessun problema a dargli una mano con le spese.

La collaborazione è in questi casi una questione d'onore e di rispetto. In fondo sono costretti a condividere pochi metri quadrati, e respirare la stessa aria giorno dopo giorno, per quale motivo dovrebbero creare astio e problemi, invidie e rivalse tra di loro quando già patiscono una condizione di vita davvero molto particolare?

La posta

La posta che ricevono i detenuti, anch'essa ha un suo iter che ovviamente non viene del tutto rispettato.

Quando i detenuti ricevono pacchi o lettere, prima di essere consegnati al destinatario, i pacchi devono essere perquisiti attentamente, e le lettere, nel reparto Speciale, ma con tutta probabilità in qualsiasi reparto, venivano e probabilmente vengono ancora, lette prima di tutto dalle guardie, le quali si divertono anche alle spalle del destinatario e di chi le scrive.

La prassi è aprire le buste in un certo modo che permette poi di poterle richiudere, leggerne il contenuto, e commentarlo ad alta voce tra colleghi, e una volta richiuse le buste far finta di seguire la direttiva, che dice che le lettere devono essere aperte davanti al destinatario al momento della consegna.

«Quando poi si passava alla consegna della posta, con un coltellino di plastica facevamo vedere che aprivamo le buste proprio in quell'istante davanti ad ogni cella nonostante il contenuto fosse già stato letto, riletto e commentato. Qualche burlone poi, si divertiva anche a scambiare le lettere nelle buste, cosicché un marito o un fidanzato leggeva quello che di sicuro non gli aveva scritto la moglie o la fidanzata».

In quelle personalissime lettere vi si può leggere di tutto, ed è questa prassi un ulteriore abuso commesso alle spalle del detenuto; violare una parte della vita più intima sua e dei suoi cari, entrare dentro il rapporto degli scriventi, leggerne tutti i loro pensieri, paure, speranze. Donne disperate che scrivono ai propri mariti della loro solitudine o di problemi finanziari. Particolari intimi e confidenziali. Fidanzate che non possono far altro che restare in attesa della loro uscita e lasciano dentro quelle lettere piccolissimi amuleti per i loro uomini: ciocche di capelli, labbra dipinte con il rossetto impresse sulla carta o che in qualche modo tentano, attraverso le righe di quelle lettere, di confortare

e comunicare il loro amore e la loro devozione, di non far sentire il proprio caro lasciato solo e dimenticato. Donne più disinibite che raccontano dettagli intimi ai loro uomini, sogni, desideri nascosti che non possono soddisfare per la mancata presenza del loro uomo accanto.
Un abuso questo davvero ignobile, quasi di più degli schiaffi elargiti quotidianamente.

> «Alcune guardie poi, in un modo o nell'altro riuscivano anche a trovare il modo di avvicinare queste donne, e a volte, terminati i colloqui, ad incontrarle fuori e addirittura diventare i loro amanti occasionali magari promettendo un occhio di riguardo per la persona rinchiusa».

La posta dei detenuti al 41 bis invece, quella deve per forza essere aperta, controllata e nel caso censurata direttamente dal direttore o dal comandante del carcere ma in realtà questo, a quanto riferisce l'Anonimus, durante il suo periodo non avveniva affatto e della posta si occupavano i capi reparto.
Ovviamente chi invia queste lettere è perfettamente a conoscenza del dovuto controllo

ed eventuale censura, ed evita accuratamente di raccontare particolari piccanti o intimi al proprio congiunto.

Nei pacchi poi, oltre agli oggetti consentiti, spesso vengono trovati indumenti intimi appartenuti alla moglie del detenuto, scie di profumo lasciate con la speranza di deliziare il proprio uomo. Ma tutto questo passa di mano in mano, e quando giunge a destinazione, molto probabilmente non ne è rimasta neppure una millesima parte di quanto sperato.

> «Certo da parte delle guardie non vi era alcun rispetto per tutto questo, e devo dire che la cosa era piuttosto vergognosa, ma anche le donne che inviavano certi messaggi dovevano pur sempre immaginare che avrebbero potuto finire prima che nelle mani del destinatario, in quelle di qualcun altro...»

Vestiario

Per quanto riguarda il vestiario dei detenuti e la sua igiene, questo è tutto di loro competenza.

Quando un detenuto ha bisogno di vestiti, scarpe o biancheria intima, solitamente ne fa richiesta durante il colloquio con i familiari, i quali si premurano di farglieli avere. Così come per il bucato. In cella loro si lavano giusto gli indumenti intimi, calzini e mutande, mentre danno il resto dei panni sporchi ai familiari che vengono al colloquio.

> «Certi detenuti, nonostante fosse vietato, appendevano i loro indumenti lavati alle grate delle finestre per farli asciugare, ma erano costretti a toglierli in fretta e furia quando arrivava qualche guardia a controllare».

Appena entrati, come detto, viene loro sequestrato parte dell'abbigliamento che non è consentito, soprattutto per quei detenuti ritenuti a rischio suicidio, con quelli bisogna fare molta attenzione che non abbiano nessun laccio, cintura, elastico che possa venire usato per mettere in opera un'impiccagione.

A vederli uscire dalla perquisizione, se non fosse una scena tragica, ci sarebbe quasi da ridere. Camminano tutti con scarpe senza lacci che rischiano di scappare da un momento all'altro dai loro piedi e tenendosi stretti i pantaloni che minacciano costantemente di scivolare giù lungo le gambe. Perfino le cerniere possono diventare pericolose e di conseguenza vietate.

> «La miglior soluzione sarebbe quella di farli andare in giro con un largo e lungo camice da notte come si usavano una volta! Ma sarebbe un ulteriore investimento di denaro che ovviamente le istituzioni non intendono mettere a bilancio»

Colloqui

A tutti i detenuti, una volta alla settimana è consentito il colloquio con i familiari. I padiglioni, Genova, Napoli, Milano, Firenze etc. vengono scaglionati; ogni padiglione una volta alla settimana con date prestabilite.

Ai parenti, che arrivano per lo più la mattina prestissimo e si radunano davanti ai cancelli del carcere in attesa di poter entrare, viene consegnato un numero. Coloro che portano pacchi per i detenuti li devono deporre all'ingresso in modo che possano essere perquisiti dal personale preposto e poi consegnati al destinatario.

Al difuori del carcere, c'è sempre un gran fermento, un vociare a volte sguaiato, spesso come dentro un mercato che stride con l'austerità che dovrebbe avere questo luogo.

A gruppi di una decina di persone alla volta, i detenuti vengono poi radunati tutti in una grossa sala dove al centro vi è un grosso tavolo.

Man mano i visitatori vengono chiamati e fatti accomodare nella stessa sala e per un'ora possono colloquiare con i loro congiunti sotto lo sguardo vigile di una guardia che tiene d'occhio tutti.

Terminato il tempo concesso, si riportano i detenuti nel loro padiglione e si fa preparare un nuovo gruppo per ripetere tutta l'operazione.

Ovviamente nella sala c'è un gran vociare, la privacy è inesistente, e ognuno può tranquillamente ascoltare quello che un marito dice alla moglie o ai figli, oppure un figlio ad un padre.

I detenuti dello Speciale invece, essendo detenuti ad alto rischio, per i colloqui vengono portati, uno alla volta, in una saletta vicino al cancello ufficio dove incontrano i propri congiunti e nella saletta è sempre presente una guardia per tutta la durata del colloquio.

> «Purtroppo, la prudenza non è mai troppa con questi personaggi, loro trovano sempre il modo di scambiarsi qualche messaggio in codice, potrebbe anche capitare che, avendo il vizio di

baciarsi in bocca anche tra padre e figlio, nello scambio di effusioni, si scambino anche un pizzino! A loro l'inventiva non manca, e poi hanno così tanto tempo a disposizione per meditare bene».

Perquisizioni

Nel reparto Venezia, le perquisizioni nelle celle vengono fatte a caso, non c'è un vero e proprio protocollo, il detenuto deve rimanere in piedi mani lungo i fianchi in un angolo, mentre dentro quei pochi metri quadrati le guardie sembrano Attila il re degli Unni.

> «Si sceglievano a sorte alcune celle e si passava a perquisirle. È brutto dirlo, ma queste perquisizioni non erano mai fatte nel rispetto della persona. Ogni detenuto, chi più chi meno, teneva la sua cella in ordine e pulita, spesso passando restavo ammirato da come tutto fosse pulito, in ordine e riposto con cura per quanto fosse possibile dallo scarno arredamento. Ma quando avvenivano le perquisizioni, quelle celle sembravano degli autentici campi di battaglia. Nessuna delicatezza

veniva riservata agli indumenti o agli oggetti personali e quant'altro del detenuto, il quale doveva assistere allo scempio compiuto dei sui effetti; tutto veniva assalito, manipolato, rigirato senza la benché minima cura. Pantaloni che riposti con cura per rovinarsi il meno possibile, venivano rivoltati e gettati come stracci, letti disfatti senza un minimo di attenzione con lenzuola e cuscini sparsi per la cella, libri o riviste aperti, sfogliati senza cura e gettati in un angolo. Una volta finita la perquisizione al poveraccio non restava che armarsi di pazienza e rimettere in ordine tutto il soqquadro lasciato dagli agenti senza fiatare».

Mentre nel Venezia e Torino, come detto le perquisizioni non coprono mai tutto il reparto, mentre negli altri padiglioni si perquisisce ogni volta tutto il piano, e così arrivano alcune guardie a rinforzo per tenere sotto controllo i detenuti che vengono fatti uscire dalle loro celle e piantonati all'ingresso di ognuna.

Aneddoto su Michele D'Alessandro

Un altro aneddoto che viene raccontato dall'Anonimus riguardante le perquisizioni, si riferisce a quando il sovrintendente capo del reparto, Pasquale Campanello, prese parte alla perquisizione della cella del boss Michele D'Alessandro.

Entrando nella cella e guardandosi intorno il sovrintendente si rivolse quindi a D'Alessandro facendogli presente che, visto che aveva attaccato al muro alcuni asciugamani con la colla, gli sarebbe stata addebitata la pitturazione di tutta la cella. D'Alessandro per nulla impensierito rispose che per lui non era un problema pagare il danno fatto

"Voi siete il padrone qui, io pagherò tutte le spese, ma voglio raccontarvi una storia vera" ed iniziò raccontando al sovrintendente un episodio accaduto a Castellamare di Stabia del quale i protagonisti erano l'allora ministro Gava e sua sorella.

> "Ad una certa ora del pomeriggio, in tutto il paese mancava l'acqua. La cosa era strana, e si cerava di capirne il motivo. Alla fine, si scoprì che tutti i giorni, proprio a partire da quell'ora, la sorella del ministro faceva il cambio dell'acqua alla sua piscina e per riempirla utilizzava l'acqua delle condutture comunali lasciando per un bel lasso di tempo il paese a secco. Quando la cosa venne scoperta, vi furono delle indagini per accertare di chi fosse la colpa ma... caso strano, non vi furono conseguenze: né multe tanto meno denunce per la sorella del ministro e per chi l'aveva aiutata. Anzi, l'idraulico che si era occupato di effettuare abusivamente il collegamento con la conduttura comunale, venne assunto nel comune e il carabiniere che fece le indagini salì di grado. Tutto si dissolse come il fumo di una sigaretta. Poi un giorno, quando fui arrestato, il ministro Gava

venne da me e mi disse testuali parole: "ricordati che finché a Castellamare ci sto io, due boss non ci possono stare, quindi tu, D'Alessandro, resterai per sempre in carcere". Come vede sovrintendente io, il boss Michele D'Alessandro, sono qui che pago la mia pena e pagherò anche la pitturazione della cella, ma il vero boss invece se ne stà al ministero".

Distribuzione farmaci

Durante la giornata, tra le altre cose, c'è anche la distribuzione dei farmaci da parte degli infermieri addetti.

In tutti i padiglioni, si trovano detenuti sani, ma anche detenuti in gravi condizioni di salute e altri con patologie croniche come ad esempio, diabete, ipertensione, bronchite e quant'altro, e per queste persone giornalmente è necessaria la somministrazione di farmaci.

I malati gravi vengono rinchiusi nel reparto San Paolo dove sono costantemente tenuti sotto controllo sia dalle guardie che dal personale medico, mentre per coloro che necessitano solo di farmaci, giornalmente e ad orari prestabiliti dalle varie prescrizioni, gli infermieri accompagnati dalla guardia fanno il giro cella per cella, padiglione per padiglione.

Nel caso in cui nel reparto San Paolo vengono ricoverati malati provenienti dal reparto Venezia, allora una guardia fissa sosta davanti alla porta della stanza dove il degente viene collocato, e in quel caso, sempre la guardia, trascrive su un registro: nome del farmaco, nome dell'infermiere che lo ha somministrato e l'ora.

Ma non sempre le cose filano lisce e anche la somministrazione di farmaci può subire l'incuria e la distrazione di chi se ne occupa, senza per questo subire qualche pena.

> «Una volta, vi fu uno scambio di medicinali. Inavvertitamente ad un malato di Aids venne somministrata una fiala di antibiotico, mentre al detenuto che doveva avere l'iniezione di antibiotico venne somministrata la dose di farmaco contro l'Aids. Fortunatamente non accadde nulla di spiacevole a nessuno dei due, ma comunque non vi fu nessun rapporto; anche se accorti dell'errore fecero finta di niente».

Se un detenuto del reparto Speciale accusa qualche malessere e deve uscire dalla cella per essere accompagnato in infermeria, in questo caso, prima di procedere allo spostamento, per prima cosa deve essere chiamato il comandante del reparto Venezia deve essere immediatamente chiamato perché è assolutamente necessaria la sua presenza.

Racconti vissuti di un ex Assistente capo di Polizia Penitenziaria

Ore 23:00 si spegne tutto

Giunta la sera, dopo che anche la cena è stata distribuita, le celle dello Speciale devono essere svuotate; ai detenuti non, di notte, è concesso tenere in cella il fornelletto o la bomboletta a gas che lo alimenta, tutto deve essere riposto all'esterno nel corridoio dove sono stati posti dei piccoli armadietti.

Nel caso dell'Osservazione invece, ai detenuti non è concesso tenere in cella niente sia di giorno che di notte, neppure le sigarette; ogni qualvolta venisse loro voglia di fumare, devono prima chiedere il permesso. Permesso che viene loro concesso solo, e se, le guardie in quel momento ne hanno voglia.

«Allora incaricavamo un lavorante e lo mandavamo dal detenuto per portargli la sigaretta».

Questa ovviamente si va a sommare a tutte le altre angherie, i soprusi e le botte che giornalmente vengono distribuiti, perché se in quel momento la guardia è mal disposta, per un motivo o per un altro, c'è la possibilità che la concessione della sigaretta non avvenga.

Intorno alle undici le guardie del turno di notte spengono i televisori in tutte le celle.

> «Anche se finisce sempre che i detenuti stessi decidano di spegnerle da soli perché non è consentito loro tenere il volume alto. Le guardie dopo quell'ora non vogliono sentire nessun rumore provenire dalle celle. Ma già prima di allora li obbligavamo a tenere il volume bassissimo, talmente basso che praticamente non si sente niente».

E stringendosi nelle spalle prosegue

> «A quel punto non resta loro che spegnere tutto e tentare di prender sonno».

In teoria non c'è nessun regolamento che obbliga a tenere basso il volume delle televisioni, questo è solo un altro espediente per imporre la propria volontà e impedire al carcerato di godere di un piccolo svago dovuto alla visione della tv.

> «Il giorno che ci fu l'agguato al sovrintendente Campanello, appena appresa la notizia della sua morte, ricordo che era pomeriggio quando gli avevano sparato sotto casa sua... noi per non far trapelare la notizia, almeno non subito, e per tentare di tenerli all'oscuro nelle ore successive, spegnemmo tutte le televisioni e non permettemmo a nessuno di accenderle se non fino al giorno dopo. A quel punto la notizia sarebbe uscita sui giornali, e volere o volare si sarebbe sparsa per tutto il carcere».

Racconti vissuti di un ex Assistente capo di Polizia Penitenziaria

Dotazione delle guardie

Come da regolamento, le guardie non possono girare armate tra i padiglioni. Tutte le armi, pistole d'ordinanza, manganelli, caschi e scudi antisommossa, devono essere riposti accuratamente in armeria e presi solo in caso di estremo bisogno, come ad esempio per sedare una rivolta.

È assolutamente vietato girare tra i corridoi dei padiglioni con qualsiasi arma che possa in qualche modo cadere nelle mani dei detenuti, ma per gli agenti dello Speciale, tutto questo sembrava non valere.

> «I nostri manganelli erano accuratamente nascosti dentro il padiglione Osservazione, e venivano regolarmente usati».

Riferisce così l'Anonimus sempre nel periodo che lui prestava servizio: a causa delle continue proteste dei detenuti e delle rimostranze dei loro avvocati, un bel giorno la polizia di stato decise di fare un controllo.

Prima di intentare una causa contro gli agenti penitenziari, dovevano avere le prove di quanto asserito nelle denunce, altrimenti in mancanza di prove concrete, sarebbe stato solo tempo sprecato.

«Ma siccome tutto quello che avveniva dentro quelle mura era a conoscenza di tutti i superiori, magistrati, politici e quant'altro, ancora prima che accadesse, non ci volle molto per far arrivare ad Acerra l'informazione della perquisizione, e ad Acerra non restò altro che avvisare il comandante che a sua volta avrebbe passato l'informazione al comandante di reparto».

Appreso della perquisizione, nel reparto venne dato l'ordine di togliere tutti i manganelli da dentro l'Osservazione e di riportarli in armeria. Gli agenti effettuarono l'inutile perquisizione e non trovando niente che potesse confermare le tesi, dovettero così rinunciare e tornare indietro a mani vuote.

Terminata poi la "visita" della polizia di stato, una volta che gli stessi agenti ebbero varcati i cancelli di Poggioreale, le guardie dello Speciale poterono riprendersi l'attrezzatura e riportarla laddove solitamente la tenevano nascosta.

Oltre al manganello, per non lasciar tracce delle percosse sul corpo del detenuto, gli agenti utilizzano gli asciugamani bagnati, e a seconda delle condizioni in cui un detenuto volge, i carnefici, hanno poi il modo di farla franca con la complicità dei medici del carcere.

> «La prassi era semplice, bastava che un paio di loro dichiarassero di essere stati assaliti dai detenuti, si facevano refertare e per loro non vi era conseguenza alcuna, semmai una nota di merito».

Tutti sanno, ma fanno finta di non sapere cosa accade dietro le mura del carcere, e solo alcuni di loro, comunque, purtroppo sempre molto pochi, denunciano questi abusi, ma come un ulteriore smacco, anche loro non vengono mai presi in considerazione.

«Figurarsi se possono mai essere prese in considerazione le denunce dei detenuti. Quelle, per i magistrati sono carta straccia che viene immediatamente cestinate. Se i dirigenti sono i primi artefici di questi abusi, è perché sanno di avere le spalle coperte dal ministero e dai giudici che a loro volta sono manovrati dalla politica e da giochi di palazzo, per cui mai si metteranno contro il ministero e indagheranno i dirigenti delle carceri, un circolo vizioso che non ha mai fine. E i direttori delle carceri continueranno a negare l'evidenza, come l'attuale direttrice di Poggioreale».

In un'intervista televisiva, oltre a contraddirsi un paio di volte sul caso di un detenuto ricoverato in coma per le botte subite, prima dichiarò che il detenuto si era fatto male da solo a causa di un malessere e cadendo aveva sbattuto il volto procurandosi la rottura del setto nasale facendosi saltare anche due denti, poi disse che aveva sbattuto la schiena e per questo motivo aveva ecchimosi lungo la spina dorsale. E infine visto he la sorella della vittima, una volta che ebbe visitato il fratello in ospedale e lo trovò ricoperto di ecchimosi, chiese se avesse avuto qualche attacco per via di qualche crisi d'astinenza dovuta alla mancanza di stupefacenti, la direttrice cambiò versione dicendo che aveva avuto un attacco epilettico, e che ad un certo punto essendo andato in coma, era stato ricoverato in ospedale.

Ma come si può credere a tutte queste versioni, quando il malcapitato dichiara di essere stato picchiato? In fondo, visto quanto ha riportato, le botte sembrano più plausibili delle arrampicate sugli specchi di una direttrice che non vuole assolutamente parlare del passato, ma dice di voler parlare solo ed esclusivamente di presente e futuro, rinviando tutte le domande del giornalista al mittente e schierandosi dietro la falsità delle sue risposte tanto da asserire di non essere assolutamente a conoscenza di quanto viene accusato alle sue guardie, che prima dice di non conoscere personalmente una per una, e poi, poco dopo, giura che le conosce perfettamente ed è assolutamente certa che non farebbero mai niente di quanto viene loro addebitato e che non alzerebbero mai un dito sopra un detenuto.

L'Anonimus sorride a queste frasi e commenta

«Magari un dito no, ma mani, piedi e manganelli forse sì?»

Il caso Celeste

Tutti i pestaggi che avvengono nel Torino e nell'Osservazione, come detto, sono comunque pilotati dall'alto. Per quanto le guardie abbiano il torto di alzare le mani sui detenuti, il tutto è comunque da imputare a chi li comanda, a chi dà loro ordini e direttive inumane e senza senso. Loro, le guardie, non si alzano certo la mattina con l'idea di picchiare questo o quello, non vanno al lavoro già programmati per accanirsi su un detenuto piuttosto che su un altro, ogni loro azione è comunque dettata da comandi arrivati dall'alto. Per le guardie appartenenti a qualche clan, l'ordine arriva dal boss, mentre per le altre, c'è sempre qualche dirigente che per un motivo o per un altro manda l'ordine.

Potrebbero ribellarsi, questo sì, rifiutarsi di eseguire questi ordini disumani, ammutinarsi, ma cosa otterrebbero in cambio? Quando tutto era ed è marcio e corrotto, come può uno sparuto gruppo di persone riuscire a sovvertire regole e imposizioni che durano da tantissimo tempo e sono di norma e prassi in quasi tutti gli istituti penitenziari?

Quelle volte che una guardia è stata ascoltata in merito a questi fatti perché uno zelante magistrato ha ritenuto opportuno prendere in considerazione la denuncia fatta dal detenuto picchiato di turno, in quale modo si è poi risolta la questione? Con un nulla di fatto per la guardia e una pena a sfavore di chi aveva anche subito i maltrattamenti. Così purtroppo funziona da decenni.

Un detenuto per tutti: Celeste.

Egli venne ascoltato dal magistrato in merito alle botte ricevute. Il suo legale era convinto di riuscire a far alzare il velo di omertà che ricopriva quegli abusi e dopo aver esposto denuncia si presentò davanti al giudice per esporre le lamentele e i racconti del suo assistito, ma mai, neppure nelle sue più nere aspettative, il legale avrebbe immaginato che il giudice prolungasse la pena di Celeste con la motivazione di aver inventato tutto perché in realtà era stato lui che si era avventato contro gli agenti di custodia.

Ebbene sì, il poveretto apprese in aula che gli agenti che avevano infierito su di lui con schiaffi, manganelli e stracci bagnati, lo avevano umiliato, deriso e picchiato, per tutelarsi, come da prassi, si erano poi fatti refertare dal medico della prigione ricevendo alcuni giorni di malattia per le presunte e fasulle ecchimosi che il detenuto aveva loro provocato. A nulla valsero le sue proteste, e la sua proclamazione d'innocenza.

La prassi per le percosse

Giornalmente, dal comandante dell'istituto, o da chi ne fa al momento le veci, parte l'ordine per il ritiro dei detenuti segnalati dai vari brigadieri.

> «Se in un padiglione, che poteva essere un qualsiasi reparto di tutto il carcere, come ad esempio nel padiglione Genova, Milano, Livorno, Napoli, Firenze, Avellino etc. vi erano dei soggetti che a detta dei brigadieri davano fastidio perché si supponeva gestissero i vari padiglioni, che istigassero qualche altro detenuto, che semplicemente parlavano troppo o che non erano simpatici per un qualsiasi motivo»

Ci spiega l'Anonimus

> «Questi venivano iscritti in una lista, la quale veniva poi passata al comandante. Il comandante consegnava l'ordine al comandante dello Speciale e quest'ultimo

> inviava le sue guardie a prelevare nei vari reparti i malcapitati che venivano trasferiti nel padiglione Torino, ovviamente senza preavviso. Entrati lì dentro, venivano per così dire "raddrizzati" fin quando non si decideva la loro nuova destinazione o il nuovo padiglione. Se tra di loro, vi era qualche detenuto che non voleva mettersi in riga, e che quindi creava ulteriori problemi, si ribellava, parlava troppo o quant'altro, questi veniva allora passato nel reparto Osservazione, e qui si che erano guai per il malcapitato».

Annuisce l'Anonimus con il capo facendo una smorfia.

Una volta che il gruppo prelevato raggiunge il reparto Torino ogni detenuto viene smistato nelle celle del padiglione e poi un detenuto alla volta viene prelevato e condotto verso una saletta vuota o la famosa e purtroppo esistente, cella zero.

Non appena varcata la soglia, neppure il tempo di rendere fiato e iniziano le percosse.

Spintonato, strattonato e costretto ad entrare nella stanzetta dai carnefici di turno, appena la porta si chiude alle loro spalle una raffica di schiaffi lo raggiunge in pieno viso; per il povero detenuto non c'è modo di fuggire alle grinfie dei suoi aggressori. Come può uno contro più persone tentare di difendersi? A meno che egli non sia un esperto di arti marziali. Ma gli agenti ben addestrati e in grado di battersi utilizzando anche qualche mossa di judo o karate, non gli lasciano certo il tempo o il modo per provare a parare i colpi. Si accaniscono contro di lui, gli strappano i vestiti lasciando la sua pelle esposta ad ogni tipo di attacco. Manganellate raggiungono le sue costole, lo costringono a rannicchiarsi in un angolo per esporre meno corpo possibile alla raffica di colpi che da destra e sinistra piovono per mano di quelle guardie che hanno il compito di comportarsi come veri e propri aggressori assetati di sangue.

Una manganellata sulla spalla, lo schiocco di uno straccio bagnato che colpisce il fianco, un calcio ben assestato che raggiunge il gluteo o la coscia, altri schiaffi o pugni che colpiscono la testa stretta tra le gambe e riparata alla bell'e meglio dalle braccia.

Spesso non c'è neppure bisogno di trasportarlo nella cella zero, una qualsiasi stanzetta del padiglione, anche quella delle scope può venir utile come luogo di tortura.

Alle guardie viene lasciata carta bianca su come agire, e così alcuni s'accaniscono sui corpi denudati dei detenuti per costringerli a parlare, a pentirsi, a fare i nomi delle persone che tentano di coprire.

Dopo la prima dose di botte viene denudato completamente, ogni cosa gli viene tolta e con essa la possibilità di possedere qualsiasi oggetto.

> "Qui comandiamo noi, e non vogliamo teste calde, o si fa come diciamo noi, oppure sono guai"

Viene chiarito al detenuto di turno, e poi sta a lui comportarsi bene, seguire le loro regole o subirne le conseguenze.

Quando poi le botte non sono sufficienti e non hanno portato al risultato voluto o il detenuto risponde in qualche modo agli attacchi anche solo verbalmente, allora non viene riportato in cella nel reparto Torino, ma rinchiuso nell'Osservazione dove capita sovente che venga tenuto nudo e senza neppure una coperta.

Ovviamente come detto, questa prassi è risaputa da tutti; partendo dagli assistenti sociali, ai medici, il direttore, il cappellano, il dirigente sanitario, il comandante, gli infermieri e chi più ne ha più ne metta. Chiunque sa, ma nessuno dice o fa nulla per fermare tutto questo. Come a tutt'oggi fanno ancora finta di non sapere che realmente esiste questa cella zero. (Padiglione Avellino appena entrati piano terra prima cella sulla sinistra).

> «Dietro le porte del reparto Speciale, esiste uno stato a sé dove non esistono regole; dove tutto si può fare e tutto è permesso».

L'anonimus racconta che nei sotterranei del carcere, ci sono delle vecchissime celle che solo a vederle fanno venire i brividi.
Quei corridoi che corrono sotto Napoli facendo sì che vi sia come una città nascosta, sono lugubri e malsani

> «Scendere lì sotto era come scendere verso l'inferno, umidità, sporcizia, topi, tanfo nauseabondo erano solo la ciliegina sulla torta. Al confronto Alcatraz, sembrava

> un albergo a cinque stelle. La famosa "cella zero" quella di cui tutti fanno finta di non sapere nulla della sua esistenza, si trova difronte al reparto Osservazione, nel reparto Avellino, appena entrati sulla sinistra».

Ma non c'è bisogno di scendere nei sotterranei di Poggioreale per trovare il luogo di "tortura".

Molti detenuti riferiscono in alcune interviste fatte in un noto programma televisivo, che ogni padiglione ha la sua cella zero, e che nei reparti si possono trovare anche donne che sono presenti quando gli agenti alzano le mani, ma questo l'Anonimus lo esclude categoricamente.

> «La cella zero è una e una soltanto! Vi ho già spiegato dove si trova. Certo ogni padiglione ha una stanzetta dove gli agenti possono portare un detenuto e picchiarlo, ma di certo quel detenuto non prenderà mai una dose così grande di botte come accadeva nello Speciale. Al massimo potrà trattarsi dello stesso trattamento riservato all'ingresso, magari un po' più rude e prolungato, ma ve lo

> dico per esperienza, di certo non hanno la più vaga idea, a meno che non ci sono stati, di cosa significa essere picchiati nello Speciale! E le donne poi!! A Poggioreale non ci sono donne agenti, al massimo qualche commissario che passa per qualche interrogatorio, o nel mio periodo la vicedirettrice, ma nessuna donna presta servizio come agente dentro Poggioreale, e non credo che da quando io ero arruolato lì ad oggi le cose possano essere cambiate».

A questo punto gli scappa un'altra smorfia e continua scuotendo la testa.

> «Ma ci pensate, una donna che perquisisce un detenuto uomo o che lo piantona, o che, ancora più allucinante, che lo picchia o che sia presente ad un pestaggio?? Impossibile! Riuscite ad immaginare che spettacolini, anche osceni, i detenuti potrebbero organizzare da dentro le celle se vi fossero donne che circolano?».

Racconti vissuti di un ex Assistente capo di Polizia Penitenziaria

Il metodo del dottore

All'epoca dell'Anonimus, il direttore del carcere era Salvatore Acerra e il responsabile dirigente dei medici il dottor Aldo Belmonte.

Come detto, dopo i pestaggi, per tutelare le guardie vi era un sistema infallibile: in modo che il motivo del pestaggio risultasse più credibile come anche la spiegazione del perché avevano dovuto reagire con le maniere forti, bastava che una o due guardie si facessero refertare asserendo di essere stati aggrediti dal detenuto e di aver riportato alcune leggere ferite.

Cosicché il detenuto che presentava denuncia, oltre ad aver subito le loro angherie, veniva a sua volta denunciato e sottoposto ad ulteriori punizioni da parte del giudice.
Insomma, oltre il danno la beffa, e le guardie passavano da eroi o da poveri cristi.

Con questo sistema, le denunce che arrivavano in procura da parte dei detenuti o dai loro legali, venivano completamente ignorate, e il sistema marcio continuava imperterrito.

In quegli anni, l'Anonimus vide molti detenuti morire, chi per impiccagione, chi per pestaggi, un circolo vizioso in parte collegato, perché alcuni elementi non riuscivano a sopportare le angherie e preferivano togliersi la vita piuttosto che continuare a subire.

> «Quando un detenuto moriva per i pestaggi subiti, il dottor Acerra e il medico responsabile, il dottor Belmonte, avevano un loro personale metodo per certificarne la morte».

Minacciando i medici di turno, li costringevano a redigere certificazioni false, la prassi era sempre la stessa: sul certificato veniva apposto che il detenuto era morto durante il trasporto in ospedale, mentre invece la morte era avvenuta molto tempo prima in carcere e per mano dei suoi carnefici.

Ma Belmonte, non solo copriva le morti sospette dovute ai pestaggi; nonostante fosse sposato e avesse una figlia, figlia che per un certo periodo prestò servizio come infermiera nel carcere di Poggioreale, essendo egli di tendenza omossessuale, e avvalendosi della sua posizione, si divertiva a far spogliare nudi i detenuti e anche le guardie che si recavano da lui anche solo con un mal di stomaco per poi allungare le mani sui loro geniali.

Ad oggi deceduto, Belmonte, era quel medico che nei primi anni duemila, venne accusato dell'omicidio ed occultamento dei cadaveri della moglie e della figlia, ritrovati poi in un cunicolo sotto la propria villetta a Castelvolturno in provincia di Caserta.

Il medico, si proclamò sempre innocente da quelle accuse e alla fine il Gip, poco tempo dopo la sua morte, nonostante non lo scagionò completamente dalle accuse, lo ritenne innocente del fatto ascrittogli.

Certo non era uno stinco di santo; come si può credere che non si fosse mai accorto che dentro casa aveva ben due cadaveri? Ma benché questo resterà sempre un mistero che il dottore ha portato con sé nella tomba, quanto affermato dall'Anonimus e dalle varie denunce fatte dai carcerati, la collaborazione tra lui e il direttore di Poggioreale, resta un dato di fatto.

Qualche medico, come il dottor Santoro e il dottor Abate tentò anche di ribellarsi al sistema ma senza grandi risultati. Oltre alle denunce dei detenuti che venivano cestinate, anche quelle dei medici facevano la stessa fine.

Il dottor Abate, ex marito della vicedirettrice del carcere, dottoressa Abate, oggi provveditore di Napoli, tentò di denunciare alla procura alcuni episodi di mala sanità all'interno del carcere specificando che non solo ai detenuti non veniva fatta alcuna visita medica non appena entrati nella struttura ma che spessissimo venivano messi nelle celle coloro che erano portatori di patologie infettive come epatite, HIV, scabbia, pidocchi e quant'altro, insieme ai detenuti sani, e che troppo spesso quelle celle erano sovraffollate.

Come abbiamo già avuto modo di vedere, un po' in tutti i padiglioni vi erano celle, dove venivano collocati anche quindici detenuti, stipati in letti a castello a volte anche di cinque piani con un solo bagno, e di conseguenza l'igiene e la salvaguardia della persona non valeva nulla. Meno di zero.

L'unico che forse si salvava un pochino da tutto questo era il padiglione Salerno. Il padiglione dei nuovi giunti. Ovvero quelli che mettevano piede per la prima volta in carcere. Tutto questo il dottore lo fece presente inutilmente nelle sue denunce.

Tutto cadde nel vuoto.

La stessa vicedirettrice Teresa Abate incontrando il sovrintendente Pasquale Campanello, porse delle rimostranze sui metodi dei suoi colleghi

"Mi vergogno dei vostri metodi"

Disse facendo finta di non sapere di quali metodi stesse parlando

"Io non faccio altro che applicare la legge"

rispose Campanello. Eppure, la donna era non solo a conoscenza di quanto accadeva dentro le mura perché ci lavorava, ma anche perché ella stessa frequentava una donna che era la moglie di un detenuto dello Speciale, e le notizie, anche se non le fossero arrivate dai suoi colleghi, di certo le avrebbe apprese dalla sua amica. Ma a lei come agli altri faceva molto più comodo stare zitta e far finta di non sapere e non vedere, di stupirsi difronte agli altri ma alla fin fine non fare mai niente per migliorare le condizioni sia dei detenuti che erano rinchiusi nella casa circondariale di Napoli Poggioreale, che delle guardie che vi lavoravano.

Tolomelli boss della Sanità

La prassi dei quotidiani pestaggi fece giungere sotto le botte dei secondini anche uno dei Tolomelli, boss della Sanità.

Egli morì di punto in bianco mentre era a colloquio con la moglie.

Poco prima di incontrarsi con la consorte, anche lui aveva subito la sua dose di pestaggi, ma quando dai medici del carcere, venne redatto il certificato di morte, sullo stesso venne scritto "deceduto per ictus cerebrale". Ma come possiamo esserne certi? Possiamo ipotizzare che il poveraccio molto probabilmente avesse riportato delle lesioni interne tanto gravi da condurlo lentamente verso la morte, ma nessuno poteva saperlo visto che non sarebbe mai stata fatta una regolare autopsia, e d'altra parte, se poco prima si fosse lamentato, chi degli agenti o dei medici collusi con il sistema gli avrebbe creduto?

«Solo una cosa era certa; i pestaggi li aveva subiti anche lui poco prima di morire».

Il boss Raffaele Cutolo

Nonostante la legge a Poggioreale fosse un optional, e spesso faceva acqua da tutte le parti, ai tempi di Cutolo i pestaggi erano solo ad opera dei suoi uomini, o comunque sotto la sua supervisione e in quel periodo non vi furono evasioni.

Lo stesso Cutolo non tentò mai nessuna evasione da Poggioreale, dove comandava lui, e di certo non aveva bisogno di alcun permesso dal direttore del carcere di Poggioreale per circolare, era un po' come se fosse stato a casa sua.

Cutolo evase sì da un carcere, ma solo dal carcere di Aversa e insieme ad altri detenuti, grazie alla collaborazione di Puca. Venne posizionata una carica di nitroglicerina vicino al cancello del passeggio. Anche se solo in verità, se avesse voluto, avrebbe potuto uscire con molto meno clamore passando direttamente dal portone del carcere.

L'Anonimus ci tiene a smentire certe voci che circolarono in merito alla cella di Cutolo

> «Non è affatto vero che nella cella dove era rinchiuso vi fosse la moquette. Ci sono stato parecchie volte in quella stanza, che una volta andato via Cutolo è stata adibita a stanzetta per le guardie, e posso assicurarvi che non vi è alcuna moquette. Tutte invenzioni!»

In quell'epoca, quando Cutolo regnava a Poggioreale, vi erano rinchiuse due famiglie in perenne guerra, i cutoliani e quelli dalla nuova famiglia; tutto il carcere escluso il padiglione Salerno era completamente nelle sue mani e alle sue dipendenze. Detenuti, personale, e dirigenti. Non si muoveva foglia che Cutolo non avesse autorizzato.

Egli tutte le mattine usciva dalla sua sezione per fare i controlli clinici; nel tragitto, dal reparto Venezia al padiglione San Paolo, per la sua sicurezza personale era sempre accompagnato dai suoi uomini, Barra e Catapano entrambi armati di pistole.

«Ancora oggi se si va a cercare dentro le mura delle celle, probabilmente si può trovare qualche pistola che fu murata ai suoi tempi».

Cutolo gestiva tutto, sia i trasferimenti dei detenuti che delle guardie, e tutto grazie alla benevolenza e complicità del ministero di grazia e giustizia.

Di notte, le porte del reparto dove risiedevano gli appartenenti della nuova famiglia, il reparto Salerno, venivano chiuse a chiave per paura che qualcuno dei cutoliani facesse irruzione e uccidesse tutti.

L'Anonimus aveva sentito raccontare direttamente dalla voce di un detenuto, tale Franzese, ormai anch'egli deceduto, che all'epoca era uno dei luogotenenti più spietati del clan Cutolo, insieme a Barra, Capocotta e Catapano, che insieme ad altri detenuti facevano il giro delle celle per controllare chi poter eliminare; ci fu una volta che entrarono in una cella che era rimasta inavvertitamente aperta: senza prima controllare, accoltellarono un tizio che dormiva sotto le coperte. Ma il malcapitato non aveva niente a che fare con la nuova famiglia, si era trattato di un errore di persona, ma questo non importava a nessuno; un omicidio in più o in meno.

Alzarono il lenzuolo solo dopo averlo accoltellato, e quando si accorsero che non era colui che cercavano, alzando le spalle si girarono verso la porta

"Non è lui, passiamo alla prossima cella"

dissero andandosene indisturbati.

Durante il giorno, Cutolo era solito essere accompagnato da una guardia a fare il giro dei padiglioni, egli si soffermava ad ogni cella e se i detenuti avevano bisogno di qualcosa o di una riparazione, riferivano a lui, e lui

"Agente avete preso nota"

chiedeva. Puntualmente il giorno dopo la richiesta era stata esaudita.

Nei padiglioni non faceva altro che suonare il fastidioso allarme del metal detector.
Siccome tutti i suoi ragazzi giravano armati,

ovviamente quell'oggetto non faceva altro che segnalare in continuazione la presenza di metallo.

Cutolo, entrando nel reparto Venezia, al piano terra, prima stanza sulla sinistra, dopo l'ufficio delle guardie, infastidito da tutte le lamentele dei suoi ragazzi, chiese immediatamente un incontro con il direttore.

"Fatemi chiamare il direttore"

disse alla guardia e attese che egli si presentasse al suo cospetto. Il direttore, codardamente, pensò bene di mandare il vicedirettore

"Chi ha autorizzato l'uso del metal detector?"

Chiese con tono fermo ed inquisitorio. L'uomo in palese difficoltà iniziò a spiegare

"È arrivata una ministeriale... dicono che bisogna..."

Cutolo lo interruppe

"Ministeriale? Bisogna? Qui non bisogna proprio un bel niente! Io non vi ho autorizzato niente di tutto ciò!"

Detto questo, il vicedirettore si ritirò nei suoi uffici e nel giro di pochi minuti il metal detector venne riposto in cantina.

Le pecche e le mancanze di Poggioreale

«Sia nei padiglioni Napoli, Milano, Firenze e Avellino, i servizi igienici erano e sono zero, e non penso che negli ultimi anni abbiano fatto qualche ristrutturazione»

Prosegue l'Anonimus

«Quando c'ero io, soprattutto nel reparto Avellino, c'era un solo bagno per tutto il padiglione, e l'agente che si trovava a prestar servizio lì in caso di urgente bisogno era costretto a scendere al primo piano lasciando completamente scoperto il suo reparto. Non dico questo per giustificare il trattamento che si riservava ai detenuti, ma solo per far capire che anche le guardie erano sottoposte ad un pressante e continuo stress psicologico che ne deteriorava i nervi che a volte scaricavano sui detenuti».

E poi si sofferma a ricordare con un certo rammarico nella voce

«Non so se ora è differente, ma ho la vaga impressione che tutto sia rimasto come allora. Noi agenti avevamo scarsità di divise, il magazzino vestiario era un caos totale, mancava di tutto, dalle divise ai gradi, e mentre a noi mancava il materiale necessario, il direttore si faceva grande offrendo caffè a destra e manca a tutti i magistrati. E poi l'igiene... all'interno non solo del magazzino, ma di tutto Poggioreale era pressoché inesistente. Veniva accumulato tanto di quel cibo inutilizzato che fungeva da banchetto per i topi di fogna che gironzolavano indisturbati sia sul muro di cinta, che dentro la mensa degli agenti, che nelle cucine dei detenuti. Potete ben immaginare come noi ci sentivamo presi in considerazione».

Poggioreale, come buona parte delle altre

carceri italiane, nel periodo di cui l'Anonimus ci racconta, stavano andando alla deriva, ma ancora oggi sembra che nulla sia cambiato, i racconti dei detenuti sono tutti pressappoco gli stessi, e le testimonianze dell'Anonimus li confermano.

Come la mancanza di posti per sopperire al sovraffollamento, e di misure igieniche decenti, anche le misure di sicurezza sono fatiscenti e ben poco funzionali.

Gli estintori, ad esempio, il più delle volte sono solo pezzi da esposizione, inutilizzabili in caso d'incendio perché non viene mai fatta una vera e propria manutenzione. I protocolli vengono falsificati, e le operazioni di manutenzione che dovrebbero essere effettuate per controllare il loro stato e verificare la pressione interna di ciascun estintore, sono pressoché inesistenti. Un episodio su tutti quello che accadde Firenze.

Incendio a Sollicciano

«Nel carcere di Sollicciano nel reparto "Giovani adulti" anni addietro ci fu una rivolta dei detenuti i quali diedero fuoco ad alcune riviste direttamente nelle loro celle facendo scoppiare un incendio».

Le guardie cercarono in tutti i modi di dominare le fiamme nonostante non fossero provvisti di attrezzature adatte, niente maschere antigas, niente estintori; dovettero arrangiarsi con coperte bagnate, fazzoletti legati sul volto e tanto coraggio per portare in salvo sia i detenuti che alcuni colleghi colti da malore per le esalazioni. Nel caos generale dovuto alle fiamme e al fumo denso che si spandeva per i padiglioni, le guardie soccorsero incuranti del pericolo i detenuti, li coprirono alla bell'e meglio con coperte bagnate e li portarono in salvo. Gli occhi che bruciavano e la gola in fiamme, tossendo a più non posso non smisero un attimo di lavorare alacremente per spegnere l'incendio. Alcuni di loro ebbero dei giramenti di testa e svennero, mentre coloro che riuscirono a restare in piedi, si presero cura dei più deboli. Quando giunsero i pompieri, l'incendio era stato domato, ma senza poter usufruire di un solo estintore.

> «Noi guardie avevamo fatto di tutto per sopperire alla mancanza delle minime attrezzature che la legge impone nei luoghi pubblici in caso d'incendio. Io personalmente avevo portato in salvo una quarantina persone tra detenuti e colleghi».

Il ministero venuto a conoscenza dell'accaduto, conferì loro lodi ministeriali, ma con quelle lodi, nel caso in cui fosse scoppiato un altro incendio, non avrebbero certo potuto spegnerlo! Serviva e serve l'attrezzatura adatta.

Purtroppo, anche in quella occasione, nessuno di loro aveva avuto il coraggio di dire qualcosa, di denunciare l'accaduto e la mancanza delle dotazioni di sicurezza. Denunciare avrebbe significato attirare su di sé le ire del ministero, e dell'opinione pubblica.

Il direttore

Durante quegli anni, racconta sempre l'Anonimus, il direttore del carcere di Poggioreale, era protetto da poteri forti, e proprio per questo motivo, si poteva permettere di fare il bello e il cattivo tempo sia con i detenuti che con le guardie visto che la sorella era magistrato di sorveglianza.

Eppure, nonostante fosse stato più volte indagato, non venne mai condannato, anzi il D.A.P. un bel giorno per premio lo promosse ad un ruolo superiore: Provveditore.

Sempre durante il periodo che l'Anonimus prestava servizio nel reparto Speciale di Poggioreale, un giorno un parente del direttore che ricopriva il ruolo di ispettore doganale, fu arrestato per corruzione e inviato a scontare la pena nel carcere dove il proprio congiunto ne era il responsabile.

Questo detenuto "speciale" venne rinchiuso

nel reparto Genova, e lì il direttore si recava a trovarlo ogni volta che lo desiderava.

La sera soprattutto, oltre l'orario consentito e spesso anche dopo la mezzanotte, faceva aprire la cella del parente e vi restava ore ed ore a chiacchierare.

Questo personaggio era "giustamente" trattato come un signore non come tutti gli altri detenuti. Lui era di una categoria a parte...

> «Ma vi sembra normale che i parenti del direttore del carcere vengano condotti nello stesso istituto dove il congiunto ne è il responsabile? Non è che in questo caso sussista una sorta di conflitto d'interessi?»

Chiede stizzito.

Ma nella casa circondariale di Poggioreale erano e sono abituati sia al conflitto d'interessi, che ad avere detenuti di seria A e di serie B. Come quando vennero fatti gli arresti illustri in merito a Tangentopoli.

Di Donato

«Ricordo che proprio Di Donato, poco prima di essere arrestato, un giorno si presentò nel reparto Torino portando con sé una persona che ci presentò come il proprio segretario; quando l'agente incaricato tentò di prendere il nominativo per registrarlo, questo gli venne categoricamente vietato; la cosa ci era parsa alquanto strana e ci chiedemmo il perché di tutta quella segretezza. Così prima che venisse distrutta la prova, pensammo bene di farne una fotocopia».

Di Donato era andato a Poggioreale per incontrare suo un vecchio amico, l'ex assessore Salvatore Arnese. Davanti alla sua cella, Di Donato parlava fitto fitto con l'amico, forse lo stava rassicurando sull'esito della causa che lo vedeva coimputato.

Fatto stà che Arnese e Di Donato, alla fine, vennero assolti.

Ma la cosa strana, semmai fu proprio quella visita autorizzata dal direttore Acerra tra due inquisiti nello stesso procedimento, e quel cercare di nascondere la visita dei due al padiglione Torino. Visita che venne in ogni caso resa nota al pubblico in un secondo tempo, per cui, con il passare degli anni, quella fotocopia fatta dall'Anonimus e i suoi colleghi non servì più a dimostrare che i sotterfugi perpetrati a Poggioreale sono molti di più delle sole percosse.

Casillo

A Poggioreale, c'era anche l'andirivieni di Casillo che entrava accompagnato da politici ed usciva dal portone principale con il tesserino dei servizi segreti.

Casillo all'epoca andava a colloquiare con Cutolo per la trattativa della liberazione dell'ex assessore Cirillo che in quel periodo risultava sequestrato dalle brigate rosse; e questa è un'altra incognita che ci dà da pensare che in fondo il marcio sta proprio ai vertici e che i boss, o presunti tali, non sono solo quelli rinchiusi nel reparto Venezia.

Cirillo, quando si trovava ormai libero sulla volante della polizia, venne prelevato dai servizi segreti mentre lui tentò di far credere a tutti di essersi liberato da solo.

«Ma quale mano di Dio che lo ha liberato dalle catene!!»

Ridacchia l'Anonimus.

Cirillo venne liberato grazie all'intercessione di Cutolo, e lo stesso Cutolo racconta che avrebbe avuto anche la possibilità di far liberare e salvare Aldo Moro quando un suo amico, tale Selis della banda della Magliana, gli disse che sapeva dove Moro fosse rinchiuso, ovvero in un palazzo di proprietà del capo della polizia di Roma, e che era sorvegliato dai servizi segreti inglesi e italiani e non dalle brigate rosse. Disse inoltre che lui con le sue conoscenze avrebbe potuto farlo liberare da un momento all'altro.

Ma quando Cutolo fece presente questo ai politici di allora, gli venne risposto che a loro non interessava che Moro vivesse. Tant'è vero che quando fecero il bliz proprio in quel palazzo, pochi attimi prima che gli agenti salissero al piano dove era tenuto lo statista, vi fu una telefonata che bloccò tutta l'operazione.

Tangentopoli

Tutto era accaduto poco dopo la morte del sovrintendente Campanello, e mentre il reparto dell'Anonimus andava pian piano sgretolandosi parecchi politici vennero rinchiusi a Poggioreale.

Dopo quegli arresti legati all'inchiesta "mani pulite" meglio conosciuta come "Tangentopoli", il reparto Torino, che bisogna ricordare era sempre parte dello Speciale, venne liberato e tutti i detenuti ivi rinchiusi, vennero spostati in altri padiglioni, mentre al loro posto furono alloggiati tutti gli ex politici; i vari Poggiolini, Pomicino, Di Lorenzo, La Boccetta, Cigliano, Di Donato, etc....

Tutti quei detenuti eccellenti arrivati in massa per colpa dell'inchiesta mani pulite, nonostante il padiglione Torino facesse parte del reparto Speciale, per ovvie ragioni, non vennero mai toccati neppure con un dito dalle guardie; anzi, vennero trattati con i guanti bianchi soprattutto dal direttore Acerra, anche perché oltre a Fini e Alessandra Mussolini, che si recavano a trovare Amedeo La Boccetta, c'era un viavai di tanti altri esponenti politici di ogni schieramento che passavano a trovare i loro colleghi e ovviamente una ressa continua di giornalisti e telecamere che perennemente si accertavano delle loro condizioni, del fatto che non mancasse loro niente e fossero trattati bene nonostante le accuse mosse dall'ex ministro Di Lorenzo, che aveva accusato di violenza il direttore Acerra raccontando di essere stato costretto a nascondersi sotto il letto per l'invasione nel reparto di una troupe televisiva.

> «Se quelle erano violenze, quelle perpetrate sugli altri detenuti cos'erano? A me il direttore Acerra e Di Lorenzo sembravano essere in ottimi rapporti: i due erano sicuramente buoni conoscenti tanto che si davano tranquillamente del tu davanti alle guardie e Di Lorenzo chiamava il direttore Salvatore».

Il direttore Acerra, si affannava personalmente intorno a questi personaggi di spicco e se ne prendeva cura.

Ovviamente i colloqui con i loro familiari non avvenivano come per gli altri detenuti. I parenti di questi illustri personaggi, non dovevano presentarsi la mattina presto per prendere il numeretto e aspettare di essere chiamati al colloquio.

Per loro, un esempio su tutti: quando arrivava la moglie di Di Lorenzo, la donna non attendeva in fila per entrare come tutti i comuni mortali, al contrario, veniva fatta accomodare nell'ufficio del direttore fin quando il marito non fosse stato pronto al colloquio.

> «Questo diede modo a molti di noi, di capire senza alcun dubbio che i veri mafiosi non erano quelli che erano detenuti da anni a Poggioreale, ma coloro che vi erano appena entrati».

E mentre l'Anonimus parla fa ben intendere di non credere affatto nella giustizia, nello stato e nelle sue istituzioni.

> «Ne ho viste troppe per continuare a tenere il prosciutto a foderarmi gli occhi come un tempo quando credevo nella giustizia, nello stato e nelle leggi».

I corrotti

Una buona parte delle guardie, erano tranquillamente corruttibili e corrotte, come altresì passando dagli assistenti sociali, al cappellano... tutti ci guadagnavano alle spalle dei detenuti. Molti di loro richiedevano e ricevevano cospicue tangenti per portare messaggi dentro e fuori fra i detenuti e i loro familiari; messaggi che al vaglio della posta, o durante le visite, non potevano essere passati. E questo ancora oggi non soltanto nel periodo in cui l'Anonimus prestava servizio.

Una volta, nello Speciale, vennero ritrovati dei telefoni cellulari. Come c'erano finiti? Mistero! La scoperta venne fatta dalla polizia di stato durante alcune intercettazioni.

I poliziotti che avevano messo sotto sorveglianza alcune utenze telefoniche, durante quelle intercettazioni ascoltarono una telefonata ad un negoziante. Si tentava da parte del clan Mariano, un'estorsione ai danni dello stesso. In questo modo le forze dell'ordine si resero conto che il segnale della telefonata partiva proprio da Poggioreale.

> «Al momento delle perquisizioni, era sicuramente corsa voce di cosa si stava cercando, e i detenuti fecero volare i cellulari in questione dalle finestre delle loro celle. Che vennero poi ritrovati nei corridoi del passeggio».

Non si seppe mai chi li aveva introdotti, ma di certo non li aveva portati la fata turchina.

Un altro episodio che lascia ben intuire come le notizie entrassero ed uscissero fu quando il capoclan dell'omonima famiglia Vincenzo Mazzarella, stava per uscire da Poggioreale.

Il padre, il boss Francesco, era in attesa del figlio davanti al portone del carcere quando venne ucciso. Quell'episodio scombussolò tutto il carcere e il figlio dovette essere scortato a casa dalla polizia. Nessuno doveva sapere la data della scarcerazione ma qualcuno aveva fatto la spiata e annunciato il giorno in cui Vincenzo sarebbe uscito.

Tra i corrotti occorre anche ricordare uno psichiatra di Poggioreale, il dottor Zoena.

> «Quello psichiatra si è riempito le tasche e il cofano dell'auto tra mazzette e regali che riceveva dai detenuti per stilare false perizie che dichiaravano il detenuto mentalmente instabile, e far sì di conseguenza che gli venisse di conseguenza gli veniva permesso di uscire dal carcere»

Chi più chi meno ognuno tentava in tutti i modi di portarsi via una bella fetta di contributi extra per i servigi forniti.

Il piccolo boss

Alcuni detenuti parlano di una guardia chiamandola "il piccolo boss". Raccontano di questa persona come un essere spietato e manesco. Ma in realtà si tratta di uno degli agenti più corrotti che circolano dentro le mura di Poggioreale.

Non è certamente un colosso e di sicuro non una cintura nera di karate, ma tant'è fa parlare di sé, e a tutt'oggi continua imperterrito nel suo modus operandi.

Egli, per interesse personale, è in ottimi rapporti con molti malavitosi, ma soprattutto con il clan Zagaria e grazie a queste amicizie fa il bello e il cattivo tempo con quei detenuti che sa di poter trattare in una certa maniera.

Per questo motivo, il piccolo boss non rimaneva mai fisso nel padiglione Napoli, ma girava spesso per tutti i reparti a seconda di quale favore all'occasione doveva fare, e veniva ripagato non soltanto in denaro, ma anche con la compagnia di bellissime modelle che gli venivano messe a disposizione gratis dal clan, e sempre a loro spese, in compagnia di un altro assistente capo, spesso accompagnati da belle donne, se ne andavano a cena in lussuosi ristoranti.

Spietato e faccendiere, riesce a mantenere buoni rapporti con molti malavitosi, e dentro il carcere picchia sì, ma soprattutto sotto diretta richiesta del clan che in quel momento ha bisogno dei suoi favori.

A Poggioreale nel periodo dell'Anonimus, egli era di servizio nel padiglione Napoli, ma ricopriva anche la carica di vicecomandante del carcere fin quando venne trasferito allo Speciale.

Dopo la morte del sovrintendente Campanello, il piccolo boss venne appunto messo a capo dello Speciale.

> «Io non avrei mai lavorato con lui o sotto di lui, e se non me ne fossi andato con Santoriello di certo non sarei rimasto allo Speciale».

Ci tiene a precisare l'Anonimus che non ha un'alta opinione di questa persona che non appena prese posto come capo dello speciale si rivolse alle guardie rassicurandole

> "Potete stare tranquilli, ora che qui ci sono io al comando nessuno di voi verrà mai minacciato o dovrà avere paura di qualche ritorsione"

disse.

Questo perché lui con i suoi loschi intrallazzi era ben sicuro che nessuno avrebbe mai potuto dargli fastidio.

Uomini dimenticati

C'era un detenuto ormai anziano che aveva già fatto venti anni di carcere; un giorno parlando con il cappellano questi gli chiese

"Da quanto tempo sei qui?"

Ma il detenuto non seppe rispondere se non che ormai aveva perso il conto. Il cappellano decise di andare a controllare e venne fuori che quell'uomo sarebbe dovuto uscire di galera già cinque anni prima, ma purtroppo, nessuno se ne era accorto. Quando gli diedero la notizia, il poveretto rimase scioccato

"E dove posso andare?"

Chiese, ma nessuno sapeva dargli una risposta, tanto che l'uomo propose

"Lasciatemi stare qui, questa è la mia casa, fuori non ho nessuno e non conosco più nessuno, non saprei dove andare".

La sua storia venne raccolta anche da un programma televisivo che decise d'intervistare il direttore del carcere per chiedere aiuto per quell'uomo.

A quel punto il giornalista, si fece promettere dal direttore che in un modo o nell'altro avrebbero contattato qualche istituzione benefica e trovato un posto dove l'uomo avrebbe potuto andare a vivere.

Lo Stato di certo non si sarebbe mai e poi mai preoccupato di come quell'uomo avrebbe concluso la sua vita, visto che non si ricordava neppure più della sua esistenza.

Il sovrintendente Pasquale Campanello

Campanello, ci racconta l'Anonimus era un caporeparto ligio al dovere, che seguiva le regole e faceva di tutto, anche se inutilmente, perché tutti le rispettassero.

Non partecipava mai a pestaggi o soprusi, e di certo non li approvava, lui era solito usare solo la penna; redigeva in continuazione rapporti su rapporti in base a quanto i detenuti facevano o dicevano.

Era uno stacanovista del lavoro, e non usciva mai fuori dai binari, non faceva parte di quel sistema, ma purtroppo per lui c'era dentro lo stesso.

Le percosse che ricevevano quotidianamente i detenuti, furono insieme ad altre cause che si concatenarono il vero motivo della morte del sovrintendente capo Pasquale Campanello. Altro che camorra.

Secondo l'Anonimus, e secondo l'opinione di molti altri, la cosa più grave, è che la colpa principale della morte del sovrintendente capo Pasquale Campanello fosse proprio da imputare al direttore del carcere, che oltre ad insabbiare le percosse era perfettamente a conoscenza delle intercettazioni dei ROS.

> «Intercettazioni non autorizzate dalla procura, ma comunque ascoltate dai carabinieri che registravano i colloqui all'interno del carcere tra i familiari e i detenuti del reparto Speciale»

Di nascosto, e assolutamente senza nessuna autorizzazione dalla procura, vennero piazzate delle microspie dentro la stanzetta dei colloqui situata vicino al cancello ufficio, e grazie a queste intercettazioni, il comandante dei ROS, poté eseguire un bliz e procedere agli arresti di molti esponenti del clan Mariano.

> «Caso strano, le registrazioni delle intercettazioni ad un tratto sparirono e non furono mai ritrovate».

Ci tiene a precisare l'Anonimus.

Quello che non viene sottolineato, è che il sovrintendente capo fu ucciso per colpa di quelle intercettazioni e non come viene fatto credere all'opinione pubblica per via dell'intransigenza dell'uomo verso lo strapotere camorristico nel carcere.

Il clan Mariano era convinto che le intercettazioni le avesse disposte il sovrintendente Campanello, e che anche l'autorizzazione ai pestaggi fosse tutta opera sua.

Durante l'ora di passeggio, una settimana prima della sua morte, un parente dei Mariano si lamentò dei pestaggi ricevuti, e nelle intercettazioni, si sentì perfettamente rispondere:

"Tra una settimana sarà tutto finito"

Ovviamente il riferimento era all'uccisione di Campanello.

Ma evidentemente solo il sovrintendente dell'epoca Del Mastro, fece caso a questo particolare e lo riportò in seguito davanti al giudice. Peccato che non lo fece quel giorno stesso, forse la storia sarebbe stata differente.

Dopo quegli arresti, nonostante i ROS nelle

intercettazioni ascoltarono per filo e per segno come veniva pianificato l'agguato a Campanello e come eliminare anche gli altri del suo reparto, l'Anonimus compreso, nessuno fece nulla per tutelarli.

Acerra, Santoriello, Pergameno, il capitano e gli agenti del ROS che avevano ascoltato, erano tutti a conoscenza di questi piani, ma fecero ben poco.

Solo Santoriello che poco prima della morte di Campanello, venne trasferito a Secondigliano, cercò forse in qualche modo di salvarlo.

Gli propose di trasferirsi con lui, ma Campanello non volle spostarsi.

> «E pensare che aveva avuto anche la possibilità di andare a prestar servizio al carcere di Avellino, praticamente vicino a casa sua, ma non si volle spostare dicendo alla moglie che lì ormai era conosciuto e si trovava bene».

Sospira l'Anonimus ricordando ancora quei terribili giorni, e come si era sentito impotente.

Quello che fece più male ai colleghi di Campanello, che forse tra tutti era proprio quello che meno meritava di essere punito, fu il fatto che non erano state soltanto le intercettazioni ad averlo ucciso, ma anche i continui pestaggi che venivano commissionati nei confronti dei detenuti sotto la tutela dei responsabili del carcere, facendo diventare sadici aguzzini le guardie con la scusa di raddrizzare le teste calde e di conseguenza complici di coloro che ne avevano decretato la morte.

A poco valse la lapide di marmo in suo onore che a tutt'oggi è esposta nella sala convegno di Poggioreale. Anche perché come ultimo sgarbo dei superiori dei suoi confronti, vi furono perfino dei problemi con il direttore per apporre quella lapide.

«Acerra non la voleva assolutamente».

Con la morte del sovrintendente capo Campanello, tutto il reparto speciale subì un durissimo colpo. Certo le denunce dei detenuti non ricevevano alcun riscontro da parte della magistratura e delle istituzioni, ma viene spontaneo chiedersi il perché le guardie non potessero essere loro stesse a mettere in moto qualche rappresaglia nei confronti di chi li comandava? E così l'Anonimus tenta di spiegarcelo.

«Un giorno qualcuno chiese perché non denunciavamo noi guardie tutto quello che accadeva dentro le mura di Poggioreale, ma... se ci avevano già provato altri qualche gradino al di sopra di noi, persone che avevano in un certo senso maggiore potere senza successo, se le denunce dei detenuti non erano prese neppure in considerazione, se era marcia la testa, come poteva il corpo sanarla?
Noi denunciavamo le aggressioni dei detenuti che a loro volta denunciavano i nostri pestaggi, un giro assurdo e senza fine. O meglio, la fine era sempre la stessa, noi potevamo continuare a fare il bello e il cattivo tempo a nostro piacimento perché eravamo coperti dall'alto, e loro dovevano subire. E poi c'era anche da tener conto che se avessimo denunciato i nostri superiori, sicuramente ne avremmo patito noi le conseguenze. E la paura di perdere il posto era pari alla paura di ritorsioni da parte dei malavitosi. Neppure la morte del nostro collega aveva smosso le coscienze. In fondo alla mia anima, mi rendo conto che in parte sono anch'io responsabile per non aver fatto niente. Lui era una persona

per bene, dedito al lavoro e non partecipava mai ai nostri raid punitivi. Sì, anche lui sapeva, ma anche lui aveva le mani legate come tutti noi».

Si sfoga l'Anonimus ricordando quanto penoso fosse stato recarsi all'obitorio e vedere su quel letto di marmo il corpo inerme del sovrintendente.

Francesco Cocozza e Marcello Russo

Gli agenti furono minacciati di morte da molti boss, ma era una prassi visto che i pestaggi avvenivano quotidianamente e quelle minacce vennero prese sottogamba.

Spesso i detenuti si sfogavano a parole dopo aver preso le botte, chi minacciava ritorsioni una volta uscito, chi lanciava illazioni o pettegolezzi sugli appartenenti alle forze dell'ordine, ce n'era di tutti i tipi, e per tutti i gusti, come fece un detenuto durante un pestaggio.

Francesco Cocozza raccontò agli agenti dello Speciale che la moglie dell'allora comandante dei ROS, aveva un amante che faceva il marinaio nel porto di Napoli.

> «Cocozza per noi non era un vero e proprio boss, lo ritenevamo più un pinco pallino qualsiasi, che si accollava i reati degli atri clan, in special modo quelli del

clan di Luigi Giuliano ma valeva davvero poco, e di conseguenza non divulgammo mai questa notizia perché non lo ritenevamo attendibile».

Cocozza era un poveraccio che per fame era disposto a prendersi le colpe di altri. Quando era rinchiuso a Poggioreale non disponeva neppure di soldi propri per potersi fare la spesa come facevano gli altri detenuti e spesso il boss di qualche clan di spessore, tramite il lavorante, e sempre chiedendo il permesso alla guardia, gli passava un piatto caldo nonostante quasi nessuno lo volesse come compagno di cella, neppure quelli del clan Puccinella che lo avevano avuto sotto di loro per un periodo.

Non lo volevano intorno perché era un personaggio che parlava troppo e spesso a vanvera, e non aveva la "classe" del vero boss.

Era un rozzo in mezzo a detenuti che avevano una certa linea di condotta e di rispetto tra di loro. Tanto che quando vennero a sapere che lui una mattina si era lamentato presso le guardie che facevano il giro dicendo che la notte non poteva dormire tranquillo perché le guardie del reparto non solo dormivano ma russavano anche, i boss decisero di isolarlo il più possibile, quella lamentela per loro era uno smacco. Far sapere in giro che di notte le guardie potevano permettersi il lusso di dormire tranquillamente mentre avrebbero dovuto tenere sotto controllo dei pericolosi boss, li faceva passare per pappamolla.

> «Come, purtroppo erroneamente, non ritenevamo attendibile neppure l'ex brigadiere Marcello Russo. Con lui prendemmo una gran cantonata. Eravamo convinti che quello che ci raccontava fosse surreale, che lo facesse per darsi delle arie di grandezza e importanza mentre invece...».

Marcello Russo, raccontava di conoscere molto bene Bardellino e di stimarlo molto. Raccontava che era in contatto con parecchi boss calabresi e di essere loro amico.

> «Sapevamo che stava sotto il comando di Tommasone e che aveva fatto per tanto tempo l'infiltrato; lo vedevamo camminare sempre in borghese, portava l'orecchino ed aveva un atteggiamento ambiguo, esibiva documenti falsi e ci

raccontava di gestire un night club dove aveva sotto di sé parecchie escort. Ci raccontava che una volta, un clan calabrese gli fece un favore: venuti a conoscenza del fatto che la moglie gli faceva le corna, per dimostrargli la loro stima, gambizzarono il ragazzo che era diventato l'amante della donna. A noi sembrava una storia assurda, come quando ci raccontò che tutta la caserma di Casal di Principe era sovvenzionata dai Casalesi. Nessuno di noi, a torto, pensò mai di fargli rapporto e ce ne rendemmo conto solo troppo tardi».

L'ex brigadiere ormai in congedo, venne infatti arrestato e condannato con il clan dei Casalesi, perché mente era in forze alla stazione di Grumo Nevano, avvisava i capi del clan quando vi era qualche attività da parte dei suoi colleghi, in cambio di congrue mazzette mensili.

Le minacce agli agenti dello speciale

Il personale dello Speciale, dopo la morte di Campanello, chi per paura di fare la stessa fine del sovrintendente, chi per minacce realmente ricevute, chi perché approfittò della situazione, chi diventò paranoico, venne quasi del tutto sostituito; sottufficiali, assistenti capo, assistenti scelti, assistenti e guardie chiesero e ottennero così il trasferimento in altre strutture carcerarie. A quel punto ne rimasero uno sparuto gruppo compreso l'Anonimus, ma a loro fu tassativamente vietato di entrare nello Speciale per cui dovevano essere destinati ad altri reparti.

«Era un periodo davvero difficile, noi non potevamo più circolare per i padiglioni, le minacce che avevamo ricevuto avevano creato il panico in molti del mio reparto, c'era chi era convinto di essere pedinato e

> viveva guardandosi le spalle in continuazione, chi ad ogni foglia che cadeva gli tremavano le gambe. Chi si era talmente impressionato da aver paura a mettere il naso fuori casa».

Ci fu un collega dell'Anonimus che di rientro da una gita con la famiglia, stando al volante della sua utilitaria durante il tragitto si convinse di essere seguito da qualcuno in motocicletta. Terrorizzato diresse l'auto anziché verso casa, verso una caserma dei carabinieri raccontando loro l'episodio che era avvenuto su quella strada piuttosto isolata

> "Qualcuno con una motocicletta di grossa cilindrata mi ha seguito per un lungo tratto, poi di punto in bianco mi ha sorpassato ed è rimasto appaiato al mio fianco per un consistente lasso di tempo"

raccontò all'appuntato che stava redigendo il verbale

> "Che strano"

Commentò il carabiniere

"Quel tratto di strada di cui mi parlate è piuttosto isolato, se guidava una moto di grossa cilindrata dopo avervi sorpassato, volendo, avrebbe potuto tranquillamente tendervi un agguato, o addirittura tirare fuori un'arma mentre vi stava appaiato".

L'agente penitenziario, non seppe neppure lui come spiegarsi l'accaduto, ma richiese aiuto ai suoi commilitoni e volle tassativamente essere prelevato con tutta la famiglia e scortato a casa con l'auto blindata.

Racconti vissuti di un ex Assistente capo di Polizia Penitenziaria

Strumentalizzazione dei detenuti

«Quelli con i colletti bianchi, non regalano niente a nessuno, prendono, sfruttano e quando non servi più ti buttano via come un fazzoletto usato; lo fanno con tutti. Vedi ad esempio i servizi segreti; utilizzano la gente, fanno promesse, e poi... quando non hanno più bisogno dei tuoi servigi ti mettono a tacere e ti fanno sparire per sempre. Ho ascoltato un'intervista dove un dirigente dei servizi segreti diceva "quando hanno svolto il loro lavoro, quello per cui li abbiamo utilizzati, non ci servono più, sono pezzi inutili e pericolosi, dobbiamo per forza eliminarli". E così è con i detenuti, quando questi boss non gli occorrono più, li mettono in carcere a vita a meno che non diventino collaboratori di giustizia. La strumentalizzazione dei detenuti è tale e talmente sottile che in pochi o quasi

> nessuno si rende conto di essere stato usato per scopi che niente hanno a che vedere con la giustizia. Solo Raffaele Cutolo capì questo sistema e si rifiutò di farne parte. Gli altri purtroppo, chi per mancanza d'ingegno, chi per la troppa avidità o per la scarsa comprensione di quanto li circonda, se si vedono ricoperti di denaro, anche se è solo una minima parte rispetto a coloro che li manovrano, se viene promesso loro qualcosa, sono anche capaci di farsi venti anni di galera, solo per la soddisfazione di sentire il proprio nome affiancato alla parola Boss!»

Si sfoga l'Anonimus scuotendo la testa e cercando di ragionare su tutto quanto in realtà circonda queste persone

> «Non riescono proprio a capire, che i veri boss sono quelli che stanno nel ministero, nel dipartimento di giustizia, i politici, e i politicanti che li usano solo ed esclusivamente per i loro loschi scopi, per raggiungere le vette del potere e continuare a tirare i fili di questi burattini che per loro sono disposti anche ad

uccidere, a spacciare droga o a farsi interrare sotto le loro stesse case, casse e casse di rifiuti tossici pur di ottenere somme di denaro che sono comunque la centesima parte di quello che intascano gli altri. Come possono questi uomini che si prestano ingenuamente a questi giochi di potere non pensare che la droga che smerciano un giorno potrebbe finire nelle mani o peggio ancora nelle vene dei loro stessi figli o nipoti? Che gli anni passati in carcere per fare piaceri a gente che li usa soltanto per i propri scopi, non torneranno più indietro e che quando e se usciranno dal carcere non avranno certo modo di godersi quanto illecitamente, ma con l'aiuto delle istituzioni hanno guadagnato? Questi poveri detenuti, come fanno a non capire che per via di questi sporchi accordi mettono in pericolo le loro famiglie, mettono in piedi guerre sanguinose tra di loro, e non si rendono conto che così fanno solo un favore allo stato che li vede auto sterminarsi a vicenda? Come possono non preoccuparsi del fatto che quanto hanno permesso di sotterrare nella loro terra, e non solo visto

che quella
merda è sotterrata da Milano in giù, un giorno potrebbe fuoriuscire da quelle casse e inquinare non soltanto i loro raccolti, ma l'acqua che bevono i loro figli o i loro nipoti?»

l'Anonimus batte il pugno sul tavolo disgustato proseguendo nel suo discorso

«Un presunto boss, tale Schiavone, quando qualcuno gli fece notare il grande errore commesso nel permettere quelle discariche abusive, disse: "Cosa me ne importa se quelle casse dovessero rompersi, tanto io bevo l'acqua Lete" ma questo signore non aveva minimamente pensato che le falde acquifere dell'acqua che lui stesso beve passano proprio nelle vicinanze di dove sono state sotterrate queste casse? È tutto talmente assurdo! Un po' come tutto quello che stiamo raccontando in queste pagine. Lo stesso vale per le denunce che i detenuti continuano a mandare ai magistrati per le percosse ricevute e non si rendono conto che se il direttore del carcere avvalla queste percosse, è perché ha le spalle coperte dal ministero e dai giudici che a loro volta sono parte di questo meccanismo malato e perverso, e che sono in combutta con tutto il resto del sistema. Un circolo vizioso che non ha fine, dal quale difficilmente un povero detenuto può uscirne vincitore, perché per poter vincere una causa del genere dovrebbe riuscire a sconfiggere lo stato e le istituzioni».

Pentimento per convenienza

L'anonimus poi si sofferma a parlare dei presunti vantaggi ottenuti da alcuni che si ritenevano boss, ma che in realtà anche loro erano finiti nella rete d'usura dei magistrati.

«I magistrati sono come i politici di professione, loro approfittano di gente messa alle strette per far carriera. Prendiamo un qualsiasi collaboratore di giustizia, premetto che a me personalmente i pentiti fanno schifo, non posso proprio sopportare chi per convenienza si pente e accusa qualcun altro, per me c'è solo un pentimento che ha davvero un senso, per me vale solo quello davanti a Dio, non davanti ad un giudice solo per avere poi un tornaconto personale o per gli sporchi interessi di qualcun altro.

> Cosa ottiene dopo aver accusato i suoi complici? Potrà poi guardarsi allo specchio serenamente?».

E ci fa l'esempio di un collaboratore di giustizia, tale Ruocco che era il boss di Mugnano.

Ruocco, il boss di Mugnano, non aveva assolutamente a che fare con Secondigliano, che in quel periodo era gestito, non da parte di Di Lauro, ma da Licciardi.

Il boss di Secondigliano che era cognato dei Mallardo e dei Contini, comandava nel suo territorio, ma un giorno un altro malavitoso di Mugnano, Alias "Gennaro u niro", mentre Ruocco era detenuto, si fece battezzare da Licciardi diventando così il suo figlioccio.

Licciardi per regalo gli disse

> "D'ora in avanti Mugnano lo prendi e lo comandi tu".

Uscito dal carcere Ruocco si trovò così un nemico in casa e lo uccise.

> «A causa della morte di Gennaro, Licciardi e non Di Lauro, iniziò una faida con Ruocco tanto da volerlo a tutti i costi eliminare».

Provarono ad incendiargli casa mentre lui era dentro con la moglie, ma scaltramente Ruocco prese la moglie aprì il getto della doccia ed entrambi si misero sotto salvandosi.

Inutilmente i sicari di Licciardi attesero che Ruocco uscisse di casa per ucciderlo.

A questo punto gli decimarono la famiglia, il suocero ed un fratello, e così lui per salvarsi e allontanarsi da Mugnano decise di diventare collaboratore di giustizia.

> «Che valore hanno i soldi dei colletti bianchi? Mettono in piedi un gioco sporco che diventa pericoloso solo per quei poveracci che pensano di arricchirsi facilmente, e poi quando si vedono messi alle strette, decidono di collaborare; il giudice in questione gli mette sotto il naso un foglio già prestampato con le dichiarazioni che gli fanno più comodo e loro firmano senza sapere in realtà che cosa c'è scritto. Ricordo e ricorderò sempre una dichiarazione di Borsellino che diceva di sentirsi circondato da gente senza scrupoli, e di certo non si riferiva ai mafiosi».

Il comandante Vincenzo Santoriello

Mentre Santoriello, ormai andato via da Poggioreale, era a capo della polizia penitenziaria del carcere di Secondigliano, anche lì parecchi detenuti iniziarono a lamentarsi delle botte ricevute e a esporre denuncia tramite i loro legali ma la storia non era differente da quella di Poggioreale, anche queste denunce venivano gettate nel cestino della carta straccia.

A Secondigliano ancora prima che morisse il sovrintendente Campanello vi fu, sempre per ritorsione contro i pestaggi, l'omicidio di un agente, Michele Gaglione.

Mentre stava uscendo dal carcere insieme ad un altro collega venne raggiunto da un solo proiettile sparato da un killer in moto che perforò l'agente trapassandolo e ferendo di striscio il collega.

Questo attentato fu la prima avvisaglia di come il crimine organizzato intendeva muoversi verso coloro che li maltrattavano in continuazione, ma non fermò lo stesso le percosse, che continuarono imperterrite, e impunite.

Santoriello non poteva impedire tutto quello che avveniva dentro le mura del carcere, ma non poteva passare sopra al fatto che il direttore del carcere, Alfredo Stendardo, per soddisfare il suo vizio e mantenere buoni rapporti con i boss che vi erano rinchiusi, introducesse stupefacenti all'interno dell'istituto penitenziario, così decise di denunciarlo.

Il direttore venne così prima trasferito al carcere di Melfi, e poi arrestato.

Secondigliano era un carcere nuovo, che doveva fungere da modello per altre carceri, ma tutto faceva tranne che quello per cui era stato ideato, tanto che, durante un servizio televisivo sul nuovo complesso di Secondigliano, dopo aver intervistato il direttore e il comandante, un detenuto venne ascoltato in televisione in merito a queste rivolte ed egli denunciò in diretta la "mafia blu", come venivano chiamati gli agenti di polizia penitenziaria da coloro che subivano maltrattamenti, dicendo:

"Se mi trovate impiccato sappiate che non mi sono ucciso da solo".

Durante il periodo che Santoriello prestava appunto servizio a Secondigliano venne più volte minacciato anche lui, ma egli non temeva più di tanto quelle minacce; essendo una persona onesta e ligia al dovere, fosse stato per lui non avrebbe mai coperto quello che accadeva nel penitenziario, come appunto fece con la denuncia a Stendardo. Purtroppo per lui, era però succube di un sistema marcio, e per forza di cose fuori dal suo controllo, egli si trovava circondato da gente che non aveva scrupoli.

«Un giorno tramite un lavorante si venne a conoscenza dell'attentato che stavano organizzando ai danni della sua persona».

Il lavorante confidò ad alcuni sott'ufficiali di aver ascoltato come stavano pianificando l'attentato appunto alla persona del comandante Santoriello.
Da quel momento egli si cautelò organizzando una scorta di tre agenti che, con l'auto blindata, lo accompagnavano a casa tutti i

giorni, ma non volle essere trasferito, si rifiutò, voleva continuare il suo lavoro.

«Certo andare avanti e indietro con una scorta tutti i giorni non solo aveva dei costi, ma era anche fastidioso; ma d'altra parte era l'unico modo che aveva per tutelarsi».

Le denunce fatte per maltrattamenti sui detenuti, anche se senza esito, continuavano ugualmente ad arrivare in procura, e un bel giorno il Magistrato Maurizio Fumo, basandosi sulle stesse, indagò la persona del comandante Santoriello insieme ad altri quattro sovrintendenti e un assistente decretandone la sospensione.

Le abitazioni sia di Santoriello che degli altri agenti vennero perquisite da cima a fondo, e Santoriello venne così privato della pistola d'ordinanza, del tesserino, della divisa e ovviamente dell'auto blindata lasciandolo alla mercé di chi lo aveva minacciato di morte.

A quel punto il vicedirettore generale dottor Francesco Di Maggio richiamò Santoriello e gli propose di prendere parte ad un nuovo progetto: stavano organizzando delle squadrette la cui sigla era S.C.O.P.P. che avrebbero girato per le carceri italiane, e lui se avesse voluto avrebbe potuto essere a capo di una di queste.
Gli disse

> "Portati i tuoi uomini, agenti fidati, forma una bella squadretta che c'è del lavoro per gente come te. Se non te ne vai dalla Campania non ti salvi, e in un modo o nell'altro te la faranno pagare"

Appena la squadretta fu pronta lo inviò in missione in un carcere in Calabria.

Durante quella missione, anche grazie ad alcune intercettazioni della D.I.A. Santoriello venne a sapere che un altro agguato era alle porte.
Di Maggio lo chiamò per avvisarlo che la strada che la squadretta percorreva giornalmente era stata minata salvandolo così ancora una volta.

Fortunatamente, di notte, lui e la squadretta riuscirono a fuggire verso la Sicilia e si misero in salvo.

Lo S.C.O.P.P.

Molti agenti rimasti dello Speciale, insieme ad altri ufficiali che erano venuti a trovarsi in simili situazioni sia a Poggioreale che a Secondigliano e non potevano più prestare servizio nelle carceri perché ormai conosciuti e minacciati di morte, trovarono così posto nella neonata sezione all'interno della Segreteria Generale atta a coordinare le attività operative della stessa Polizia Penitenziaria, lo S.C.O.P.P. (Servizio Coordinamento Operativo Polizia Penitenziaria) precursore del G.O.M. (Gruppo Operativo Mobile). Sezione formata da squadrette di una quarantina di uomini. I cui compiti erano:

- gestione vigilanza e sicurezza della popolazione detenuta, nell'ambito di procedimenti penali di particolare delicatezza;
- coordinamento e collegamento tra Autorità Giudiziarie e Amministrative,

centrali e periferiche, in delicati procedimenti, in corso di svolgimento;
- perquisizioni straordinarie negli Istituti penitenziari; riorganizzazione di strutture detentive;
- specifiche deleghe di indagini conferite dall'Autorità Giudiziaria;
- individuazione delle caratteristiche di apposite strutture riservate per la contenzione dei collaboratori di giustizia, su incarico delle Autorità Giudiziarie, della Direzione generale Affari Penali del Dipartimento.

La squadretta dello S.C.O.P.P. in Sicilia

All'Anonimus venne proposto di far parte di una di queste squadrette, ed egli non si rifiutò.

La squadretta era stata inviata in Sicilia per mettere un pochino di ordine nelle varie carceri e istituti di reclusione mentale dell'isola.

In alcune carceri i detenuti con la collaborazione delle guardie del posto che erano tutte stipendiate dai vari boss, si erano organizzati e tenevano le porte delle celle aperte, gironzolavano per le strutture a loro piacimento, e da fuori senza nessun controllo ricevevano pasticcini, torte e ogni ben di Dio senza che nessuno si preoccupasse che la cosa fosse assolutamente vietata.

Arrivati quelli della squadretta, tutto questo ebbe fine, e di conseguenza la loro presenza non venne presa di buon grado.

«A capo della mia squadretta c'era il comandante Vincenzo Santoriello. Un uomo che amava il suo lavoro ed era stimato non solo dai suoi sottoposti ma anche da molti colleghi. Davvero una brava persona, onesta, integra e leale ma che a causa di giochi di palazzo, aveva dovuto circondarsi anche di personaggi che non lo erano affatto. Non piacevano a lui e non piacevano a molti di noi. Io personalmente me ne lamentai più volte con lo stesso Santoriello, finendo anche per litigare, ma le sue risposte erano sempre le stesse: "purtroppo non ho avuto scelta, non posso farci niente, questa è una catena che non si può rompere". Noi appartenenti a queste squadrette in realtà dovevamo restare anonimi e girare a rotazione nelle varie carceri per portar ordine dove c'era bisogno, effettuare piantonamenti, sorvegliare a vista ergastolani del calibro di Madonia, Bagarella, Inzerillo, Calò, Riina ed altri, ma in realtà, grazie a qualche soffiata, probabilmente da parte di agenti corrotti, eravamo ben conosciuti dai carcerati, a nulla serviva nascondersi, come si evince

> dalla denuncia ricevuta dall'intera squadretta da parte di due detenuti, i quali in base agli atti della procura di Caltanissetta, poterono visionare tutti i nostri nominativi, indirizzi e date di nascita. Alla faccia dell'anonimato»

Purtroppo, alcuni sott'ufficiali di Santoriello, già a Secondigliano erano personaggi poco corretti, tanto per fare un esempio, quando un agente si trovava a corto di denaro, questi, prestavano loro i soldi dello spaccio agenti pretendendo poi a fine mese, quando i poveretti prendevano lo stipendio, la restituzione della somma avuta più congrui interessi che intascavano ovviamente loro.

Tra le guardie e i sott'ufficiali poi, c'era il vizio di rubare il carburante dai mezzi di servizio per travasarlo nelle loro auto per uso personale.

E all'inizio della missione sembrava che il ministero con le squadrette non si comportasse meglio...

> «Durante la missione in Sicilia, gli stipendi non arrivavano mai puntuali, a volte non arrivavano proprio. Il

gestore dell'albergo dove noi dormivamo, aveva cominciato a lamentarsi e ad un certo punto, non voleva più ospitarci perché non riceveva i soldi del pernottamento, e lo stesso dicasi per il ristorante dove andavamo a mangiare. Tanto che fummo costretti ad anticipare i pagamenti di tasca nostra».

Gli agenti ricevettero i loro soldi solo dopo aver reclamato con Di Maggio che si prese la briga di minacciare direttamente il direttore di Poggioreale con testuali parole:

"Se mi risulta che allo spaccio agenti avete soldi sufficienti per pagare chi è in missione fuori e rischia la vita e non glieli date subito, allora faccio passare dei guai a qualcuno".

«I soldi arrivarono alla squadretta quasi immediatamente compresi gli arretrati».

Bisogna anche far presente che il ministero i soldi per le missioni li mandava regolarmente, solo che arrivati a Poggioreale per un caso misterioso si bloccavano.

L'Anonimus, a questo punto, non può fare a meno di prendere per una volta le difese del ministero che in questo caso non era colpevole

> «All'inizio eravamo molto arrabbiati con il ministero per questa situazione, ma in seguito venendo a sapere quanto si celava dietro il mancato pagamento delle nostre diarie, ovvero che proprio il ragioniere capo di Poggioreale, colui che si occupava delle buste paga, della gestione dei soldi e della cassaforte venne arrestato per appropriazione indebita, non potemmo fare a meno di rimanere disgustati da quella persona».

Le squadrette dello S.C.O.P.P. erano formate da persone addette a girare per le carceri italiane e terrorizzare i detenuti ancor di più dei loro carcerieri. Gli agenti del reparto oggi rinominato N.I.C. (Nucleo Investigativo Centrale) erano e forse sono, ancora più spietati e vendicativi di quelli del reparto Speciale.

All'epoca dell'Anonimus erano considerati dai carcerati come dei veri e propri aguzzini autorizzati dalle istituzioni, senza scrupoli e senza remore. Capaci di introdurre armi oppure oggetti contundenti dentro le mura delle carceri e fin dentro le celle per poi con una finta perquisizione farli saltar fuori e di conseguenza pestare a sangue il malcapitato di turno.

Come accadde in Sicilia quando il comandante della squadretta, Vincenzo Santoriello autorizzò ingenuamente, sotto consiglio dei suoi sott'ufficiali, l'acquisto presso un'armeria lontano dal carcere, di pistole, coltelli e lime; anche se all'ultimo momento gli agenti si rifiutarono di comprare e portare le lime.

Fu così che durante le perquisizioni, che avvenivano insieme con le normali guardie fisse del carcere, una volta sistemati gli oggetti nelle celle dei detenuti prescelti, gli agenti dello S.C.O.P.P. fecero in modo che fossero proprio quelle guardie non collegate alla squadretta a fare i ritrovamenti degli oggetti incriminanti. Il perché di tutto questo?

Si vociferava che un boss mafioso latitante, durante la notte andasse a dormire dentro il manicomio criminale perché lo riteneva un posto sicuro e tranquillo. Purtroppo, la soffiata, o era falsa, oppure il boss aveva avuto sentore dell'arrivo delle guardie, fatto stà che non lo trovarono. Per poter sopperire a tale brutta figura, i sott'ufficiali di Santoriello ebbero un'idea

> "Evitiamoci la brutta figura con il ministero, diciamo che avevamo avuto un'altra soffiata che preannunciava un'evasione"

gli proposero, e fu così che venne fatta quella perquisizione a sorpresa e proprio durante la perquisizione, questi oggetti acquistati dagli agenti stessi, saltarono magicamente fuori, creando il dovuto scalpore tra le guardie.

Tutto ciò produsse un encomio agli agenti, e un grave danno nei confronti dei detenuti a cui appartenevano quelle celle che vennero ulteriormente puniti dal giudice.

Continuando a parlare di maltrattamenti, non si può evitare di far presente come veniva trattato Riina durante il periodo che la squadretta lo teneva sotto osservazione nella cella bunker dell'Ucciardone a Palermo.

> «Fuori dalla sua cella sostavano giorno e notte tre guardie, l'intero perimetro della cella, compreso il bagno era sorvegliato da telecamere che registravano ogni suo movimento, per cui, anche quando andava in bagno o si faceva la doccia, c'era sempre qualcuno che lo osservava, spiava ogni suo movimento e ogni suo respiro. All'ora di pranzo, siccome il boss cucinava personalmente i suoi pasti prevalentemente a base di verdure, due agenti accompagnati da un sott'ufficiale entravano nella cella, gli aprivano il lucchetto che teneva chiuso il frigorifero, e una volta terminato di mangiare, rientravano per riposizionare il lucchetto. Il passeggio, si trovava di fianco alla cella, anch'esso a prova di bomba. Quando poi Riina doveva recarsi in aula per le udienze, prima di uscire dalla cella, doveva spogliarsi completamente per

essere perquisito sia lui che tutti i suoi indumenti. Santoriello, il comandante della squadretta, insieme al direttore del carcere, quasi ogni mattina si recavano personalmente a fare la spesa per Riina, e ogni volta cambiavano città, itinerario e supermercato per paura che qualcuno tentasse di avvelenare il suo cibo».

L'Anonimus ricorda bene come si comportava Riina durate il periodo che lui lo piantonava.

Racconti vissuti di un ex Assistente capo di Polizia Penitenziaria

La squadretta dello S.C.O.P.P. a Taranto

«Dopo aver terminato il nostro periodo di servizio in Sicilia, fummo trasferiti a Taranto».

Vi fu un'altra squadretta proveniente da Secondigliano che precedette a Taranto quella del comandante Santoriello.

Questa squadretta durante il periodo che rimase alla casa circondariale di Taranto ne combinò di tutti i colori. Era stata mandata lì durante processo Ellesponto uno ed Ellesponto due, e in quel periodo non soltanto fecero in modo di far trovare ad una guardia del posto non collegata alla squadretta un coltello dentro alla cella di un detenuto

«Il coltello era stato piazzato sotto il lavandino della cella, ma doveva essere qualcuno esterno alla squadretta a trovarlo, così venne consigliato ad una guardia che era presente durante la perquisizione di guardare anche sotto al lavandino. Ed ecco che saltò fuori il coltellaccio tra lo stupore generale».

Ovviamente cominciarono a far domande...

"Di chi è questo coltello?"

Ma nessuno rispondeva. I detenuti si guardavano tra di loro cercando di capire di chi potesse essere, chi lo avesse nascosto lì, mentre le guardie iniziavano ad agitarsi. Quelli della squadretta ovviamente sapevano benissimo che non poteva appartenere a nessun detenuto, mentre le altre guardie erano preoccupate. Iniziarono a volare schiaffoni, spintoni, e quant'altro con il proposito di far crollare qualcuno. Ma difficilmente i detenuti si accusavano tra di loro, e le guardie ne approfittarono per punire tutti.

I componenti di quella depredarono appropriandosene, tutto quello che era destinato alle celle dei detenuti, televisori ed altri oggetti, erano talmente mal visti dai boss che grazie alle loro gesta determinarono perfino la morte del loro collega, l'agente Carmelo Magli che fu ucciso crivellato di colpi dentro la sua auto mentre rientrava a casa dalla moglie e dalla figlioletta malata.

Questa fu appunto un'altra ritorsione, un avvertimento dato agli agenti che continuavano a fare il bello e il cattivo tempo dentro le mura del carcere.

Andati via loro, quando a Taranto i detenuti vennero a conoscenza dell'arrivo di un'altra squadretta nel loro carcere, quella dell'Anonimus, subissavano di reclami i magistrati, ma nessun reclamo è mai stato preso in considerazione, nonostante anche sul giornale dell'epoca uscì un articolo che recitava:

"Aiuto qui ci picchiano"

un articolo denuncia su come i detenuti venivano maltrattati dalla squadra di agenti provenienti da Secondigliano.

I detenuti reclamavano a gran voce, di essere maltrattati, vessati, derisi. Dicevano di aver paura per la loro stessa incolumità.

"Loro sono stati mandati dal ministero, sono autorizzati, quale giudice vieterebbe mai loro di comportarsi come si stanno comportando? Hanno carta bianca e fanno quel che più gli aggrada! Sono protetti dal ministero".

E le proteste dei detenuti ancora una volta caddero nel nulla. Così per non essere picchiati, chiesero che durante le perquisizioni fosse presente un ufficiale dei carabinieri che li tutelasse.

E poi, c'era anche qualche detenuto che ancora non aveva ben capito come funzionava dentro il carcere quando nel reparto era arrivata la squadretta. Come nel caso di quel detenuto arrivato a Taranto proveniente da Salerno.

De Martino, era un detenuto proveniente da Poggioreale e conosceva bene la squadretta di Santoriello, sapeva che quelli erano uomini di Poggioreale e che non scherzavano.
Un giorno, durante una perquisizione da parte della squadretta, il compagno di cella fece di tutto per essere picchiato.

A nulla valsero i tentativi di De Martino che cercava di fargli capire che doveva evitare di parlare mentre quelli della squadretta erano dentro la cella, che doveva stare fermo accanto alla branda, non muoversi e mostrare rispetto.

> «Nonostante tutti gli avvisi che De Martino cercò di dargli, il detenuto continuava a muoversi, ad agitarsi a parlare e parlare...»

Un invito a nozze per la squadretta e i loro metodi di convincimento.

Racconti vissuti di un ex Assistente capo di Polizia Penitenziaria

Da S.C.O.P.P. a G.O.M.

Quando, la squadretta che aveva cambiato sigla ed era diventata G.O.M. venne a sapere che il pedofilo arrestato per lo stupro e l'omicidio di un bambino di nove anni, era stato portato a Poggioreale, la voglia di alzare le mani su quell'individuo fu più forte di qualsiasi altro divieto di entrata nei padiglioni.

Non c'era stato nessun ordine dall'alto, nessuno aveva previsto che il pedofilo assassino venisse prelevato e portato nella cella zero per essere sottoposto alla solita terapia punitiva, ma per loro era una questione di principio.

Entrarono nel padiglione dove era stato rinchiuso in isolamento, e iniziarono con secchiate di acqua gelida alternate a manganellate, a calci, pugni e schiaffi, un pestaggio selvaggio accecati dall'orrore e dalla rabbia per quello che quell'individuo aveva fatto ad un bambino di nove anni che poteva essere il figlio di ognuno di loro.

Il detenuto morì in carcere e nonostante che sul certificato di morte venne dichiarata come morte naturale, è difficile non pensare che l'enfisema polmonare che lo ha portato all'altro mondo non fosse da imputare alle botte ricevute.

Come già precedentemente raccontato in queste pagine, ma è bene precisarlo ancora, quel tipo di detenuti vengono messi in isolamento, non hanno praticamente alcun contatto con nessun altro detenuto, se così non fosse, questo tipo di trattamenti riservati, non avrebbero modo di passare in silenzio, e di far sì che in caso di denuncia fosse la parola del detenuto contro quella delle guardie.

Pianosa reparto speciale Grippa

Quando sull'isola di Pianosa c'era ancora il carcere che ormai è chiuso dal 1998, anche qui le percosse, le umiliazioni e i soprusi erano all'ordine del giorno.

Per un periodo Roberto Cutolo figlio del boss Raffaele ne fu ospite, e mentre era dentro il carcere, veniva guardato a vista per la sua incolumità dai luogotenenti del padre. E sempre tra quelle mura Cutolo si sposò e anche Renato Vallanzasca per un periodo vi venne rinchiuso.

E proprio quando Vallanzasca giunse sull'isola gli venne dato un particolare "ben arrivato" da parte delle guardie.

Sceso dal traghetto dopo essere passato dall'ufficio del direttore venne preso in consegna dagli agenti del reparto speciale Grippa i quali lo legarono dietro la jeep con le giacche delle loro mimetiche e lo trascinarono letteralmente fino al padiglione e alla cella a lui destinata.

Bisogna anche sottolineare che c'erano agenti che non si limitavano a picchiare i luogotenenti dei boss, ma che si divertivano ad umiliare anche se solo a parole i boss stessi. Proprio non riuscivano a fermarsi, senza rendersi conto che queste umiliazioni a volte per loro erano vere e proprie condanne a morte. Come quell'agente che aveva prestato servizio in Sicilia, e poi era stato trasferito a Pianosa dove s'imbatté in Michele Greco.

> "Michele Greco, tu sei il papa, questo è lo straccio, questa la scopa, ora devi pulire tutto"

Gli disse con aria di scherno, e quella non fu la sola volta che l'agente provocò il boss.

Per ritorsione, Greco ordinò di uccidere tutte le guardie di Pianosa per i maltrattamenti che giornalmente subiva, dai pestaggi alle umiliazioni. E proprio quell'agente venne ucciso davanti alla moglie mentre scendeva dall'auto: gli spararono alcuni colpi di lupara in volto.

La piaga Poggioreale, è ormai sulla bocca di tutti, ma non si tratta di un solo caso, e tutto questo sistema porta solo a morti inutili.

Sala Magistrati

Alcuni appartenenti alla squadretta, non potendo più entrare nei padiglioni, vennero messi di servizio alla sala Magistrati.

Lì ne accadevano di cotte e di crude, a seconda dell'umore di un giudice o di un altro, un detenuto poteva ritrovarsi in difficoltà. Qui, non venivano usati manganelli o stracci bagnati, bastava carta e penna.

Un giorno due giudici, un uomo e una donna, che avevano una relazione sentimentale, ebbero un forte diverbio per questioni prettamente personali; ne scaturì un acceso confronto tra i due, tanto da finire in escandescenza.

Quando l'alterco ebbe termine, i due praticamente fuori dalle grazie di Dio, s'apprestarono a interrogare i detenuti in lista quel giorno.

"Mamma mia, sono talmente nervosi, che

non vorrei proprio essere nei panni di quelli là che devono essere interrogati"

commentò un agente.

«Certo tutti siamo umani e tutti abbiamo i nostri problemi. A volte è difficilissimo riuscire a tenerli fuori dal posto di lavoro, ma come un chirurgo deve avere i nervi saldi durante un'operazione, anche i Giudici che si vedono a giudicare sulla vita di un'altra persona, che potrebbe anche essere innocente, dovrebbero a loro volta tenere i loro problemi personali fuori dall'aula di giustizia».

Nel frattempo, le minacce alle squadrette del G.O.M. continuavano, e c'era sempre il pericolo che qualche boss volesse vendicarsi come venne fatto con il sovrintendente Campanello.
E per questo motivo ogni guardia viveva con una certa apprensione, perché loro erano comunque sempre gli ultimi a sapere quello che i signori ai piani superiori programmavano.
Per questo motivo l'Anonimus ci racconta l'episodio avvenuto proprio nella sala magistrati:

«Ero di servizio alla sala Magistrati, quando un collega preoccupato mi disse: "Cerchiamo di fare molta attenzione. Controlliamo sempre che non mettano microspie anche qui come han fatto all'epoca di Campanello. Altrimenti anche noi facciamo la stessa fine" come potevo non comprenderlo? Ormai tutti avevamo occhi e orecchie ben aperti, pronti a sospettare di ogni minima cosa».

La difficoltà di questo lavoro era proprio in questo continuo dover stare sotto pressione, quasi come ad essere il ripieno di un panino, c'era chi schiacciava da una parte e chi dall'altra, e riuscire a mantenere un equilibrio era difficilissimo.

Racconti vissuti di un ex Assistente capo di Polizia Penitenziaria

La giustizia manipolata ad personam

«Concludo questo mio racconto, che è stato un resoconto della verità e non uno sfogo o un desiderio di incolpare solo qualcuno di atti che anche io ho commesso e dei quali mi vergogno profondamente e infinitamente. Ho sì, obbedito ad ordini sbagliati e non mi sono tirato indietro, non ho denunciato, ed ho continuato per un lungo periodo a far parte di un sistema che di umano ha ben poco. Non chiedo di essere perdonato per qualcosa che neppure io riesco a perdonarmi ma il cui peso porterò con me fino alla fine dei miei giorni. Però anche io sono vittima di questo sistema marcio e malato e di questa giustizia che fa acqua da tutte le parti. Sono in causa da oltre tredici anni, e tra soprusi, rinvii, imbrogli e scorrettezze varie, nonostante io sia la parte lesa, vogliono farmi diventare in tutti i modi il colpevole. Vogliono a tutti i costi che io reagisca, o che muoia. Ma io non penso di riuscire a dargliela vinta, se la giustizia non mi verrà in soccorso, forse sarò io quello che ne prenderà le veci. Perché ho capito che anche nel tribunale di Napoli, non soltanto a Poggioreale, a Secondigliano o in qualche altro carcere o tribunale italiano, sono in tanti i corrotti e i corruttibili, non è solo nella caserma di Piacenza che si commettono abusi, in quasi tutte le caserme funziona così. Basti pensare al caso Cucchi. La giustizia è morta da un pezzo, non esiste più e quei pochi giudici che fanno il loro dovere, prima o poi vengono ammazzati, o fatti sparire in qualche modo. Gli unici che vanno avanti sono quelli capaci di imbrogliare, vendersi per pochi spiccioli, o per qualche bottiglia di vino. Sono pochi i giudici come Borsellino o Falcone. Basti pensare al caso Palamara. Lo scandalo che ne è uscito, ha fatto tanto scalpore da portare alla radiazione del magistrato, ma come lui quanti ce ne sono ancora nascosti nell'ombra e operanti? Come si può sperare di cambiare il sistema se tutto è marcio e corrotto? Come può un detenuto sperare di vedere riconosciuti i suoi diritti se poi, capita che venga perfino dimenticato dentro il carcere una volta scontata la sua pena e chi di dovere se ne accorga solo dopo che ha passato altri cinque anni recluso quando in realtà doveva essere liberato? O peggio ancora quelli che vengono condannati ingiustamente come il muratore che trascorse 20 anni di carcere da innocente fin quando un carabiniere in punto di morte confessò di aver costretto l'uomo ad incolparsi del crimine mai commesso, dopo ore ed ore di interrogatorio, maltrattamenti, percosse e umiliazioni, tanto da farlo cedere perché sfinito e fargli confessare qualcosa che non aveva fatto pur di non dover continuare a sopportare quei soprusi. Non sono cose che accadono solo nelle carceri. E i collaboratori di giustizia, spesso non sanno neppure loro quel che dicono, ma vengono imboccati direttamente dai giudici che fanno firmare loro dichiarazioni prestampate, e accusano gente senza la benché minima prova. E per tutto questo nessuno paga. Nessun giudice pagherà mai per gli errori commessi in aula, per le ingiuste condanne. La maggior parte delle cause non si discute in tribunale, ma nei circoli, nei ristoranti, nelle ville dei giudici o dei politici di turno, dove avvocati, giudici, magistrati, personaggi di spicco e malavitosi s'incontrano e mangiano e bevono insieme per poi decidere sul futuro di qualche povero cristo. Quando la giustizia lascia la bilancia per impugnare la spada, mi chiedo che giustizia possa mai essere? Di certo non la giustizia in cui io un tempo credevo. Ci hanno amputato l'anima, tagliata via anche se non era malata, buttata nell'immondizia e fatta marcire. E per l'anima, cari lettori, non ci sono protesi, non ci sono trapianti, non esiste nulla che possa restituircela».

L'Anonimus

FINE

Poggioreale: l'amputazione dell'Anima

di Laura Parise

Capitoli

Introduzione	7
Poggioreale, il racconto dell'Anonimus	9
Gli agenti dello Speciale	15
La gerarchia del carcere	21
L'ingresso e le prime avvisaglie	23
Laboccetta	27
Visita medica	29
Destinazione	33
La storia del panettiere innocente	39
Paura per la propria incolumità	45
Ingresso nel padiglione	47
Detenuti in appoggio	49
Felice Maniero	51
La routine giornaliera	55
Re 8:00 conta, battitura, e colazione	57
Il detenuto lavorante	61
Igiene personale	63
Il passeggio	65
Il cibo	69
La libretta	73
Solidarietà e regole nelle celle	75
La posta	79
Vestiario	81
Colloqui	83

Perquisizioni	87
Aneddoto su Michele D'Alessandro	91
Distribuzione farmaci	95
Ore 23:00 si spegne tutto	99
Dotazione delle guardie	105
Il caso Celeste	109
La prassi per le percosse	117
Il metodo del dottore	123
Tolomelli il boss della Sanità	125
Il boss Raffaele Cutolo	131
Le pecche e le mancanze di Poggioreale	135
Incendio a Sollicciano	137
Il direttore	139
Di Donato	141
Casillo	143
Tangentopoli	147
I corrotti	151
Il piccolo boss	155
Uomini dimenticati	157
Il Sovrintendente Pasquale Campanello	165
Francesco Cocozza e Marcello Russo	169
Le minacce agli agenti dello Speciale	173
Strumentalizzazione dei detenuti	179
Pentimento per convenienza	183
Il comandante Vincenzo Santoriello	189
Lo S.C.O.P.P.	191
La squadretta dello S.C.O.P.P. in Sicilia	201

La squadretta dello S.C.O.P.P. a Taranto 207
Da S.C.O.P.P. a G.O.M. 209
Pianosa, reparto speciale Grippa 211
Sala Magistrati 215
La giustizia manipolata ad personam 217

Poggioreale: l'amputazione dell'Anima

di Laura Parise

Racconti vissuti di un ex Assistente capo di Polizia Penitenziaria

www.ingramcontent.com/pod-product-compliance
Lightning Source LLC
Chambersburg PA
CBHW060829220526
45466CB00003B/1039